獅子山上的新月

新月

霍揚揚 著

【東亞伊斯蘭研究叢書】總序

徘徊於熟悉與陌生之間的鄰人：伊斯蘭教在東亞

　　因為種種原因，華文學界在東亞伊斯蘭教（尤其東北亞）的研究尚未成熟發展。當前伊斯蘭信徒佔全球人口20%，更有增加的趨勢；而在過去二十年，全球人口流動人口流動的密度已達歷史高峰，生活於非穆斯林國家的穆斯林數量乃日益增長。自上世紀七十年代末以來，伊斯蘭受到世界媒體和學界的熱切關注，有關東亞伊斯蘭教的研究，亦自跟從這一潮流而漸次興起。歐美學界對東亞伊斯蘭的系統性理解最早起源於歐洲傳教士。與作為前輩的耶穌會一樣，中國內陸宣教會（Inland China Mission）在十九世紀中葉「也積極地在研究中國的穆斯林，其目地當是對穆斯林宣教做準備。」[1] 現代的伊斯蘭教研究自然不同被賦予這種宗教殖民或是判教的色彩，而是期望以客觀的角度釐清現象。伊斯蘭在東亞具超過一千年的歷史，但卻在華文（及其他東北亞國家）的論述中欠缺了適當的位置。當「伊斯蘭」與「恐怖主義」、「難民」等概念被習慣性地劃上不當等號時，伊斯蘭教與穆斯林便如大都市的鄰里，徘徊於熟悉與陌生之間。這一種忽視，足以

---

[1]　林長寬主編：《伊斯蘭在地化：中國伊斯蘭發展之探討》（香港：香港中文大學人文學科研究所，2015），頁xv。

令我們對今天世界局勢的理解出現重大誤差。

在東南亞，伊斯蘭教可說是主要宗教。十三世紀之後，來自西亞與北非的穆斯林商人漸次將伊斯蘭教帶入東南亞的島國。到了十六世紀歐洲人東航至當地，馬來亞與印度尼西亞已經有大量的穆斯林人口。今天印尼穆斯林是世界上具有最大穆斯林人口數量的現代國家。雖然印度支那半島居民主要信奉傳自南亞的印度教與佛教，泰國、柬埔寨、緬甸地區亦有不少穆斯民居民。有關歷史上和現代的東南亞伊斯蘭教，學界早已多有研究。[2] 往北觀察，在一般來說被認為是中華文明中心的華南與華中，其實亦散落著不少被紀錄為「回回」或「回民」穆斯林。在兩廣、福建等沿海地區，穆斯林在十三世紀蒙古治下多有參與海上貿易，更曾因政府內部鬥爭與遜尼、什葉派之間的鬥爭而引發長年戰亂，割據一方；[3] 除了青海、寧夏、甘肅、陝西等因毗鄰中亞穆斯林

---

[2] 有關近年簡介東南亞伊斯蘭信仰的作品，可參 Hussin Mutalib, *Islam in Southeast Asia* (Singapore: Institute of Southeast Asian Studies, 2008); Hui Yew-Foong, *Encountering Islam: The Politics of Religious Identities in Southeast Asia* (Singapore: Institute of Southeast Asian Studies, 2013); Joseph Chinyong Liow 與 Nadirsyah Hosen 於2010年出版的四卷本論文集，集合了不同學者於東南亞穆斯林於歷史、文化、身份認知、政治、公民社會、全球化及恐怖主義的研究，值得讀者參考。見 Joseph Chinyong Liow and Nadirsyah Hosen eds., *Islam in Southeast Asia* (London; New York: Routledge, 2010)

[3] 有關近世福建穆斯林歷史，參張中復：〈從「蕃客」到「回族」：泉州地區穆斯林族群意識變遷的歷史省察〉，洪麗完主編：《國家與原住民：亞太地區族群歷史研究同學學術研討會論文》（台北：中央研究院‧台灣史研究所，2005），頁283-326；當地參與海上貿易最為著名的群體可數蒲壽庚（1245-1284）家族，莊為璣、莊景輝：〈泉州宋船香料與蒲家香業〉，收入福建省泉州海外交通史博物館、泉州市泉州歷史研究會編《泉州伊斯蘭教研究論文選》（福州：福建人民出版社，1983），頁227-238；當地穆斯林在十四世紀的衝突，參陳達生：〈泉州伊斯蘭教派與元末亦思巴奚戰亂性質試探〉，收入福建省泉州海外交通

群體而具大量穆斯林的地區，華文傳統稱為中原的洛陽、開封等
地，亦有各式穆斯林聚居過五百年。[4] 由於各種的誤解，過去學

史博物館、泉州市泉州歷史研究會編《泉州伊斯蘭教研究論文選》，頁
53-64；張忠君、蘭陳妍：〈也論元末亦思巴奚戰亂的性質〉，《黔東
南民族師範高等專科學校學報》，2003，期21(5)，頁22-23。有關近世
福建穆斯林歷史，可參中元秀、馬建釗、馬逢達編：《廣州伊斯蘭古蹟
研究》（銀川市：寧夏人民出版社，1989）；馬強著：《流動的精神社
區——人類學視野下的廣州穆斯林哲瑪提研究》）（北京：中國社會科
學，2006）。至於其他南中國沿岸伊斯蘭群體史料，可以各地清真寺為
中心探討，參考馬建釗、張菽暉編：《中国南方回族清真寺資料選編》
（北京：民族出版社，2006）。

[4]　有關帝國陸上邊境的穆斯林歷史，可參王伏平及王永亮以斷代形式及以
「文化撞擊」、「護教與保族」、「謀生之路」、「念經與唸書」等分
類編纂的簡明敘述，見王伏平、王永亮著：《西北地區回族史綱》（銀
川市：寧夏人民出版社，2003）；較為關於同一時期的重要作品，亦參
James A. Millward, Beyond the Pass : Economy, Ethnicity, and Empire in Qing Central
Asia, 1759-1864 (Stanford: Stanford University Press, 1998)及張中復：《清代西
北回民事變：社會文化適應與民族認同的省思》（臺北：聯經出版事業
公司，2001）；帝國西南邊境穆斯林狀況的研究，則可參馬維良著：《雲
南迴族歷史與文化研究》（昆明：雲南大學出版社，1995）；近世「中
原」的穆斯林群體則形成於忽必烈帝治下，「庚子（1281），括回回砲手
散居他郡者，悉令赴南京屯田」，見宋濂等撰；楊家駱主編：《元史》
（臺北：鼎文書局，1981），卷11，頁232；這裡的「南京」指「南京
路」，《新元史》載「汴梁路。上。宋開封府，為東京，屬京畿路。金
為南京，屬南京路。太宗五年，崔立以南京降，仍為南京路。至元二十
五年（1288），改汴梁路。」見柯紹忞：《新元史》（上海：開明書店，
1935），卷47，頁118-120；南京路約指後來河南省所在地，因屯田而定
居的穆斯林軍人與家眷成為了帝制中國晚期當地的伊斯蘭群體的始祖。
在後來明代《鄭州志》（嘉靖三十一年（1522）本），仍載「州城內有
『回回巷』」及該地「回回群處」。在1841年的黃河決提中，當地穆斯林
為了堵塞開封城的水門，拆下了過百年歷史的東大寺（清真寺）救民於
難，道光帝遂親筆寫下「護國清真」的匾額，並下令重修東大寺。參王
柯：《消失的「國民」：近代中國的「民族」話語與少數民族的國家認
同》（香港：香港中文大學出版社，2017），頁47；亦參巴曉峰：《元明
清以來河南清真寺的發展與變化——以周口、許昌、漯河三市為考察的

者經常誤認為大明與大清帝國長期實行「海禁」，但近十年的史學成果告訴我們，「海禁」祇不過是以國家的力量壟斷與管剩國際間的海上交流，而不同於禁絕一切異國事物於國門之外的「鎖國」。[5] 比較華南、東南亞與歐洲的原始文獻，穆斯林即使在歐洲人主導東南亞海域的年代，仍然活躍於華南、東南亞與印度洋各地之間的貿易。[6] 在較東的臺灣，穆斯林人口在二十世紀前鮮見於歷史紀錄之中，這可能是臺灣在荷蘭、明鄭政權、大清與日本帝國的時期確實與伊斯蘭世界的接觸有限，但也這可能是學者忽略了隱匿於文檔中的穆斯林。[7] 在二次世界大戰後，從中國移居臺灣的穆斯林計有二萬至六萬人，當中也包括了早已移居泰、緬而後遷至臺灣的雲南穆斯林，由於戰亂關係，人數未有精確統計，多於教內流傳。然而，現在的臺灣穆斯林群體也包括了從各國到臺的約十五萬旅居者，主要包括印尼及非洲各國的勞工及留學生，亦有少量從阿拉伯國家到臺經商的暫居者。[8] 為了滿足日

重點》，北京：中央民族大學碩士論文，2011。

[5] 上田信：《海と帝国》（東京：講談社，2005），頁101。

[6] Hung Tak Wai, "After Diu: The Forgotten Islamic Trade in Early Nineteenth Century Cantonese Confucian Historiography," *Journal of Islam in Asia*, Vol.16, No.1: Special Issues: Islam in the China Seas (2019), pp.107-136.

[7] 在日治時期以前，筆者所見的臺灣穆斯林的紀錄，祇有鹿港一地的兩個穆斯林家族傳說。參李昭容：《鹿港丁家大宅》（臺中市：晨星，2010）；賈福康《臺灣回教史》（新北：伊斯蘭文化服務社，2002）；莊景輝：《陳埭丁氏回族移民台灣的調查與研究》（香港：綠葉教育出版社，1997）；郭雅瑜：《歷史記憶與社群建構：以鹿港郭姓為例》，國立清華大學人類學研究所碩士論文，2001。

[8] 李松茂：《伊斯蘭教在台灣的發展與變遷》，國立政治大學民族學系碩士論文，2002，頁1-2；有關現代臺灣穆斯林生活文化的研究並不豐富，多為人類學或民族學形式的研究，例子可參馬孝棋：《殯葬文化對宗教意識與族群認同的影響：以台灣北部地區穆斯林為例》，國立政治大學

益國際化的生活形態與經貿發展，臺灣近年亦安排了不少伊斯蘭友善的活動與措施，如「國際清真產品展」（International Halal Expo）、引入各種伊斯蘭節慶、承諾設立「清真驗證（halal-approved）餐廳」以及旅館中的伊斯蘭祈禱室等等。[9] 雖然穆斯林在韓國的人口仍然稀罕，但同樣也推出類近措施。[10]

　　與傳統上被假定為單一文化體系的印象相異，由於「少子化」及勞動人口不足等問題，日本政府也在二十一世紀初已逐步引入外勞與研習生，安倍晉三政府更在2018年制定各項如人數上限與工作年期等細節，大舉向東南亞及南亞各國海外勞工招手，預計到2024年之前將引進34萬名外籍勞工。日本政府為整個計劃安排了11種語言與126項支援政策，亦為不少中小企業與過半數的國民所期待。[11] 日本引進外國勞工與學生的計劃的重要對象為

民族研究所學位論文，2010。

[9] 〈相較許多國家有「伊斯蘭恐懼症」，台灣卻是張開雙臂歡迎伊斯蘭文化〉，《關鍵評論》，2018年12月14日，https://www.thenewslens.com/article/108119，瀏覽於2020年5月4日。

[10] Park Hyondo, "Islam and Its Challenges in Contemporary Korea Report," in *Globalization and the Ties that Bind: Korea and the Gulf*, edited by The Asan Institute for Policy Studies of Middle East Institute and National University of Singapore (Singapore: Asan Institute for Policy Studies, 2015), pp.40-50.

[11] 〈外国人材受け入れ、総合的対応策を年内策定〉，《日本経済新聞》，2018年12月10日，https://www.nikkei.com/article/DGXMZO38747620Q8A211C1000000/，瀏覽於2020年5月4日；〈外国人労働者、地域で11言語対応　支援策126項目決定〉，《日本経済新聞》，2018年12月25日，https://www.nikkei.com/article/DGXMZO39331610V21C18A2MM0000/，瀏覽於2020年5月4日；〈改正入管法で外国人材拡大　道内企業、人手確保に期待〉，《日本経済新聞》，2018年12月21日，https://www.nikkei.com/article/DGXMZO39204570Q8A221C1L41000/，瀏覽於2020年5月4日；〈外国人拡大、「賛成」5割超す　高度人材に期待多く〉，《日本経済新聞》，2018年12月20日，https://www.nikkei.com/article/DGXMZO

東南亞、南亞及西亞各國，當中不少國家都擁有龐大的穆斯林人口。因此，日本國內的穆斯林數目亦在過去十年增益甚多。在2014年，日本清真寺數目約為80所，至2018年，數字已增為105所。[12] 日本與伊斯蘭文明的因緣自然不止近年的經濟合作。早在明治維新以前，日本已與伊斯蘭世界多有民間的聯絡。在1890年，以推行泛伊斯蘭主義聞名的鄂圖曼帝國的蘇丹和哈里發阿卜杜勒－哈米德二世（Abdul Hamid II，1876 - 1909在位）就在1890首次遣使日本，過六百人的使團獲明治天皇（1867-1912在位）接見。自此，兩國開始了不少的小規模交流。至大正年間，由於1904-1905年的日俄戰爭令鄂圖曼帝國與日本帝國有了同仇敵愾的感覺，伊斯蘭世界對日本有豐富的想像，兩國的官方與民間交流日益增多。不少日本思想家定義亞洲文明時，將伊斯蘭世界與自身視為一體。1920年岡倉天心（1862-1913）在倫敦出版《東洋的理想》（The ideals of the East）倡議「亞洲一體論」，就提出「阿拉伯的騎士道、波斯的詩歌、中國的倫理與印度的思想，都旨於一種古老的和平」。[13] 至第二次世界大戰前後，大川周明（1886-1957）等倡言的「聯合伊斯蘭論」及在華北成立的「防共回教同盟」等等，更將亞洲各地的伊斯蘭教力量，視為日本帝國與歐美各國抗衡的潛在力量。[14] 事實上，日本早在二十世紀

39161710Z11C18A2TJ2000/，瀏覽於2020年5月4日。

[12] "No. of Muslims, mosques on the rise in Japan amid some misconceptions, prejudice," in *The Mainichi*, November 29, 2019, accessed 4th May, 2020, https://mainichi.jp/english/articles/20191128/p2a/00m/0fe/014000c.

[13] Kakuzo Okakura, *The ideals of the East: with special reference to the art of Japan* (London: J. Murray, 1920), pp.3-4.

[14] 王柯：〈宗教共同體的邊界與民族國家的疆界：「回教工作」與侵略戰爭〉，載氏著：《民族主義與近代中日關係：民族國家、邊疆與歷史認

初已成了東亞各地穆斯林交流的重要基地。[15] 舉例說，早於1907年7月，十一位中國穆斯林留學生在東京上野精養軒利用同教的「出使日本國大臣兼遊學生總監督」楊樞（1844-1917）提供的資金成立近代中國穆斯林首個民間組織「留東清真教育會」。該會章程第一條就以「聯絡同教情誼，提倡教育普及宗教改良為本旨」，當中宗教改革的味道與方向類於在北京辦學的著名穆斯林精英王寬（1848-1919）。數年內，來自中國十四個省的留日穆斯林學生已全數加入「留東清真教育會」（共三十六人，當中一人為女性，另有一人具阿訇資格）。[16]

在伊斯蘭世界，東亞的身影亦逐漸清晰。沙特阿拉伯在2016年公佈的改革計劃「沙特願景2030」（Saudi Vision 2030）確立三大目標，希望使產業多元而解決高度依賴國際油價的結構性經濟

識》（香港：香港中文大學出版社，2015），頁193-229。

[15] Hosaka Shuji 保坂俊司，"Japan and the Gulf: A Historical Perspective of Pre-Oil Relations," Kyoto *Bulletin of Islamic Area Studies*, 4-1&2 (March 2011), pp.3–24

[16] 「留東清真教育會」對伊斯蘭教革新的觀點，基本上可說是以「愛國」與「救亡」。當中甚以有成員認為「同化」是中國穆斯林應行的觀點，其以為「何則種族之區別，不過內部自為畛域，其對於外界，毫無效力可言」。是以，當中國穆斯林（不止以華文為母語的穆斯林）作為「中國」（其實當時尚在大清帝國治下）的一份子，理當「皆注意於國是，漸忘種族之芥蒂，於是乎同化之功不期然而自至。」參王柯，〈「祖國」的發現與民族、宗教、傳統文化的再認識－中國穆斯林的五四與新文化運動〉，《五四運動八十週年學術研討會論文集》，頁196-209。王氏參考的《醒回篇》版本為東京1908年留東清真教育會所編，未知所藏何地。讀者亦可參考《清真大典》收「光緒三十三年（1907）日本東京秀光社刊本」與《回族典藏全書》收「戊申年（1908）留東清真教育會事務所鉛印本」，參留東清真教育會編輯社編，《醒回篇》，收《清真大典》（合肥：黃山書社，2005），卷24；留東清真教育會編輯社編，《醒回篇》，收《回族典藏全書》（蘭州：甘肅文化出版社；銀川市：寧夏人民出版社，2008），卷116。據筆者比對所得，兩版本並無重要差異。

問題，從而成為阿拉伯與伊斯蘭世界心臟、全球性投資強國、亞歐非樞紐。來自東亞的資金與技術，可說是計劃重點之一。在2019年末，沙國更將華語定為該國教育體系的第三語言。[17] 據北歐聯合銀行（Nordea Bank AB）的數據，即使2019年寰球政治、經濟狀態不穩，日本、韓國及中國投資者均是印尼、巴基斯坦、馬來西亞及數個海灣國家的主要外國直接投資（Foreign Direct Investment）來源。[18] 在本世紀，東亞在二十世紀末以來累積的資本與生產技術，很可能會在伊斯蘭世界的經濟活動帶來重大影響。

　　自二十世紀的各項技術革新以來，人類的生活方式起了無以回頭的改變。2000年出現了第一部智慧型電話到2020年已能推出市場的5G技術，讓各種新形式的經濟活動得以可能，遠端醫療、家居工場、人工智能等，都使時間和空間大為壓縮。不同國家與文化背景之間的互動自必更為頻繁。因此，二十一世紀的文明交流將不會如十七世紀的早期全球化時代一樣，單為少數精英與國家壟斷；也因如此，文明間的衝突便如同經濟活動一般延伸至日常生活。伊斯蘭教與穆斯林在東亞、或是東亞投資者與移民在穆斯林國家的「能見度」提升既是機遇，也是誘發潛在衝突的危機。七十年代日本資金進入東南亞與過去數年中國的「一帶一路」計劃，都是探討現代東亞文明與伊斯蘭文明文化衝突的重要

---

[17] Hind Berji, "What's really behind Saudi Arabia's inclusion of Chinese as a third language?," in *The New Arab*, January 29, 2020, accessed 4th May, 2020, https://english.alaraby.co.uk/english/indepth/2020/1/29/saudi-arabias-inclusion-of-chinese-as-a-third-language.

[18] 參北歐聯合銀行 Nordea Trade Portal 網頁，https://www.nordeatrade.com/en，瀏覽於2020年5月4日。

案例；而自九世紀伊斯蘭文明播入東亞以來的各種協作與衝突，也自然值得現代人參考。

　　香港有利的地理位置及開放的學術環境，對伊斯蘭研究具天然的優勢。1970年代在香港大學擔任研究員的濱下武志曾在《香港大視野──亞洲網絡中心》提出香港曾經一時、面向四面八方、擁有八大腹地的海洋性格，當中超過一半的地域都有深厚的伊斯蘭教淵源。[19] 雖然與不少地區相比，伊斯蘭研究在香港起步較遲，但作為國際金融中心並與東亞各地穆斯林社會的友好與密切關係，都令我們認為伊斯蘭研究在香港日益急切，亦具深厚的發展潛力。為了推動伊斯蘭研究在香港的發展，伊斯蘭文化協會（香港）（Islamic Cultural Association-Hong Kong）與香港中文大學文化及宗教研究系（Department of Cultural and Religious Studies）及人文學科研究所（Research Institute for the Humanities）於2013年7月31日簽訂協議書，成立「伊斯蘭研究計劃」，以期促進伊斯蘭文化的教學與研究工作。自2013年以來，「計劃」舉辦了國際性研討會、邀請國際學人訪問及出版各類書籍，並於2015年5月12日，升格為伊斯蘭文化研究中心。在2020年，香港中文大學伊斯蘭文化研究中心、臺灣秀威資訊科技股份有限公司、香港政策研究所國際關係研究中心、Glocal Learning Offices、The GLOCAL 合作，為推動華文學界在東亞伊斯蘭教的研究，決議推動「東亞

---

[19] 所謂的八大腹地，包括一、沿海地帶：華南至華中；二、直接性腹地：廣東省南部至珠江三角洲；三、中國西南部：如貴州、雲南；四、東南亞北部，如泰國北部、老撾、越南等地；五、東南亞半島及其島嶼，如泰國南部；六、南海的海洋腹地；七、臺灣；八、日本、韓國、俄羅斯的西伯利亞與中國東北部。參濱下武志著；馬宋芝譯：《香港大視野──亞洲網絡中心》（香港：商務印書館，1997）。

伊斯蘭研究叢書」計劃，資助學界出版與東亞伊斯蘭教相關著
作，回顧過去，關心當代，思索未來。

孔德維　博士
「東亞伊斯蘭研究叢書」總編
香港中文大學伊斯蘭文化研究中心

推薦序

　　香港作為國際都會，匯聚了世界各地文化。伊斯蘭文明在21世紀舉足輕重的一環，自然也在香港有相應的地位。在香港居住六年以來，我深切地體會到香港穆斯林群體的活力與熱情。但正如任何一個來源複雜多元的群體，香港伊斯蘭教的故事難以簡易述說，這就像一篇多線發展的長篇小說一樣，需要作者的才情與對故事的熱切喜愛。

　　霍揚揚博士以而立之年，為撰述香港伊斯蘭教的故事寫下重要一筆，可說是學界的一大喜事。書中所採納的史料，不少均係因霍博士「上窮碧落下黃泉」的努力，而首次得見天日。

　　「東亞伊斯蘭叢書」出版計劃是我任職的香港中文大學伊斯蘭文化研究中心志在向華文世界讀者闡述東亞伊斯蘭故事的十年計劃。立足香港，我們誠意盼望以深刻的香港伊斯蘭研究作品開拓這一系列。霍揚揚博士的作品可說完全滿足了我們的期待。

傅健士　教授

香港中文大學

伊斯蘭文化研究中心主任

James D. Frankel

推薦序

自十九世紀中葉以來，不同種族、宗教信仰、文化背景的移民在香港落地生根，大家在陌生環境之下，彼此互相尊重、包容，互相信任與體諒，造就了香港這一個多元文化的城市。穆斯林社群在香港的繁衍，正是香港多元文化共融的表徵。一直以來，有關香港穆斯林社群的研究，由人類學或社會學研究者主導，學者十分關注穆斯林社群的宗教生活，諸如守齋月、崇拜，以及風俗習慣，尤其是婚俗、葬俗等課題；而香港的普羅大眾對穆斯林社群的認識並不多，公眾對穆斯林社群的印象可能與實際的情況有異，不少人更誤以為香港穆斯林社群皆為南亞族裔，甚至不知道香港有一定數量的華人信奉伊斯蘭教，對華人穆斯林社群在港的發展，更是一無所知。華人穆斯林社群雖然從來都不是香港穆斯林社群的大多數，但他們自1997年回歸以後，開始在社會上受到重視，他們在政治上所扮演的角色、對香港整體穆斯林群體的影響，也日益重要。因此有關香港華人穆斯林社群如何在香港植根、求存、崛興，他們對宗教信仰的價值觀念，對傳統中國文化的取捨等，都是觀察香港穆斯林社群，乃至香港多元社會的特質，及宗教團體在1997年回歸以後的角色，解讀香港社會演變的關鍵。

2013年，霍揚揚參與香港中文大學的博群社區研究計劃，有機會服務香港少數族裔社群，深受啟發，開始積極關注穆斯林社群在香港的狀況，並取得香港華人穆斯林社群的信任，隨即啟動

了他對香港華人穆斯林的歷史研究。這本以華人穆斯林社群在地化為主題的著作，正是他的研究成果，也及時地彌補了目前研究不足的缺陷。這項研究徵引資料詳盡，所使用的珍貴原始材料，除了政府歷年出版的官方刊物外，更涵蓋了中華回教博愛社、香港中華回教青年會出版的刊物、華人穆斯林家族的族譜、伊斯蘭英文中學的出版物，作者並親身訪問了本地的華人穆斯林，邀請各被訪者現身說法，提供珍貴的一手材料，實在十分難得。研究從微觀的角度深入而全面地探討香港華人穆斯林社群在香港的發展歷程：包括了先輩的背景、在港定居的過程、宗教生活、子女教育、社會組織的建立與財務管理、宗教信仰的傳承等，鉅細無遺地逐一剖析，並描述了伊斯蘭社群如何在香港奮鬥的歷程，如何緊隨著香港社會經濟發展步伐邁步向前。研究更從宏觀的角度討論華人穆斯林社群與其他族裔的關係，在香港的政治角色，為相關的研究領域提供了新的素材，讓讀者對香港華人穆斯林社群的發展，有更深入的了解，是一本值得參考的作品。

香港華人穆斯林社群的發展狀況，不同的穆斯林社群之間的相互關係，以及香港穆民與全球其他地區的穆民之間的相互關係，都是二十一世紀了解全球發展不容忽視的課題，希望霍揚揚能夠以此著作為基礎，今後就相關議題再作更深入的探討，為香港歷史研究作出更大的貢獻。

何佩然

香港中文大學人文學科研究所所長

2020年6月

推薦序

　　自古以來，世界各地不同族群的人們都會在不同環境、不同傳統、不同文化背景下創造出獨特的人類文明。宗教信仰往往會突破民族或區域的界限，能夠在全球範圍內獲得生存的空間與發展機遇。

　　伊斯蘭傳入中國，迄今已約一千三百餘年之久，開始於唐朝，鼎盛於元明，至清朝逐漸沒落。伊斯蘭教在中國發展至今，已經逐漸融入了中國社會，形成了以十個少數民族為載體的信奉伊斯蘭教的中國穆斯林群體。

　　香港做為國際化都市，隨著內地及海外穆斯林移居香港，逐漸形成了獨特的香港穆斯林社群，伊斯蘭得以在香港落地生根。來自世界各地的穆斯林也為香港帶來了豐富多元的伊斯蘭文化。

　　後輩學者霍揚揚博士，特別關注香港史的研究，尤其是對小眾宗教社群和族群在香港的歷史發展，以及香港與海外各地文化交融碰撞的發展。近年來他透過實地考察和口述歷史訪問的形式，對兩大香港華人穆斯林社群展開「在地化」的過程及其演變的研究。瞭解他們在融入香港主流社會生活的同時，如何努力嘗試在高度世俗化和商業化的香港社會中，保存伊斯蘭的傳統信仰和文化內涵。除此之外，香港華人穆斯林社群的社會參與度和政治影響力在近來也有逐漸增加的趨勢，與其他非華人穆斯林社群之間出現了影響力此消彼長的現象。

　　在他的研究報告中，他也嘗試點出了因應社會客觀條件的改變，在香港接受正統伊斯蘭教育的華人穆斯林數目正在減少，這使到香港華人穆斯林社群在宗教承傳方面漸漸出現了的「斷層」問題。

　　他在本專著中，也進一步探討了香港的華人穆斯林社群如何積極嘗試加深年輕華人穆斯林對其宗教身分的認同，以及當中所面對的機遇與挑戰。

　　本人與作者相識多年，年輕有為，勤奮好學，思維敏捷，善於探索。相信此專著的出版，不僅可以彌補香港穆斯林社群研究不足的現況，而且也會為推動香港社會關注少數族群的研究帶來深遠的影響。

　　宗教信仰做為一種文化現象的存在，是基於人類在社會歷史發展過程中所創造的物質財富與精神財富的總和，人們在逐步探索與研究的進程中，將會逐漸地豐富和發展，為人類社會留下具有歷史時代特色的文明印記。

楊興文　教長

伊斯蘭文化協會（香港）會長

自序

穆民
——香港華人穆斯林的聚合與離散

近年來，國際地緣政治的急劇變化使到伊斯蘭研究漸受到世界各地學者的注視。針對伊斯蘭政治變革、文化轉移乃至宗教身分認同的研究如雨後春筍般湧現。然而，在筆者所身處的香港，社會大眾對於伊斯蘭的認識仍然相當片面，甚或仍存在不少誤解和成見。或許，很多香港市民對於伊斯蘭的認識還只停留在戴頭巾的印尼「姐姐」（家庭傭工）、南亞裔裔的保安員還有他們那些與主流社會不同的生活習慣，例如不能吃豬肉和每天都要向某個方向「拜神」（做禮拜）等。

伊斯蘭是世界上最主要的宗教之一，全球穆斯林的數目數以十億計。伊斯蘭國家對國際政治和經濟局勢也有著舉足輕重的影響。

香港作為一個亞洲國際都會，一直以來都是一個文化大融爐。伊斯蘭早已在香港植根，融合在香港社會發展的脈絡中。但是，本地伊斯蘭研究一直以來得不到本地社會大眾和學術界足夠的關注。因此，筆者期望本書能為社會大眾開拓新的知識領域，加深他們對香港伊斯蘭和穆斯林的認識。

筆者尤其關注香港華人穆斯林的歷史和社群發展。很多香

港人提起穆斯林和伊斯蘭時只會想到中東、南亞和印尼等穆斯林人口大國，認為伊斯蘭與自己的日常生活沒有甚麼交雜，相距甚遠。很多人並不知道華人穆斯林的社群一直在香港存在，同在這片土地上經歷了百餘年的發展和演變。

香港華人穆斯林處於一個特殊而尷尬的位置。他們可算是「多數中的少數」：他們一方面是香港主流華人社會的一分子；另外一方面卻是本地少數信奉伊斯蘭的華人群體。他們具有華人血統和文化認同，同時也具有穆斯林的身分元素。這種多元身份認同的混雜性和流動性（hybridity）促使他們展現了獨特的社群面貌。

香港華人穆斯林社群的形成大體可上溯至十九世初末至二十世紀初。首批華人穆斯林從華南地區，例如廣州一帶南遷至香港。後來，中國內地在近現代爆發多次戰爭，來自不同省分的華人穆斯林在二次大戰和國共內戰前後，為逃避戰火而遷到香港。來自不同社會和經濟背景的華人穆斯林在香港展開了不同的「在地化」歷程，並在香港落地生根。

隨著香港的經濟自1970年代起高速發展，華人穆斯林社群的政治和經濟實力也不斷增加，本地華人穆斯林也日益積極參與本地的政治和社會事務。

然而，在這過程中，本地華人穆斯林社群的傳統宗教特色也無可避免地受到世俗文化的挑戰和衝擊，宗教承傳斷層的問題也日漸浮現。凡此種種都影響著華人穆斯林社群的生存空間及其長遠的發展。

本書以口述歷史訪談為經，一手歷史文獻資料為緯，探討本地華人穆斯林如何透過不同的方式和策略來融入香港主流社會的

同時，也竭力維持社群自身的宗教特色和身分認同。

本書能付梓出版實有賴各界先進的幫忙和支持。筆者在選材和組織史料方面曾面對了不少的困難，但在香港中文大學歷史系何佩然教授的指導下，這些問題最終也應刃而解。在此我向她表達衷心的謝意。

此外，筆者也要特別感謝香港中文大學伊斯蘭文化研究中心各同仁對我的支持和幫助。他們協助筆者聯絡在港居住的穆斯林教胞，邀請他們參與口述歷史訪談和提供他們手上的一手史料。這些史料對這項研究而言都是不可或缺的。他們在本書準備出版期間，也提供了無數專業的意見和協助。

最後，我向那些曾為這項研究接受口述歷史訪談和提供史料的穆斯林教胞表達我誠摯的謝意。他們的投入和幫助使筆者獲益良多，也為我們的讀者開了一扇窗，讓他們能一睹香港華人穆斯林社群的精彩故事。

霍揚揚

2020年6月於香港中文大學

目次 ｜ CONTENTS

第1章
導論

第1節　緒言

　　1842年，清廷於第一次鴉片戰爭中戰敗，與英國簽訂了《南京條約》，香港被清廷割讓予英國。香港自此成為英國的殖民地。殖民地的歷史背景促使香港成為了一個華洋雜處的社會[1]。

　　英國為進一步鞏固其在海外的貿易利益，把香港定位成「自由港」，作為其在遠東地區的貿易根據地。香港在地理上位處珠江三角洲的出海口，配合「自由港」的政策，各國的貨品都能自由地在香港互通有無，使到香港自十九世紀中葉開始便成為了東亞地區主要的國際轉口貿易港[2]。

　　國際貿易不但為香港帶來了財富，也帶了不同的文化元素，在香港這個細小的港口城市中碰撞與交融。香港成為了一個不同文化交流匯聚的中心點，這也使到香港的社會發展日益多元化。

　　多元的社會是由不同的「社群」所組成的。劃分社群的條件除了國籍、種族、職業和社會地位外，宗教信仰也是非常重要的劃分條件。

　　宗教的內聚力可推動社群的發展和擴張，加強社群內的聯繫。然而，過分強烈的內聚力也可使某個社群與其他社群之間缺乏互動的機會並造成文化交流的隔膜。

---

[1]　John M. Carroll, 〈香港簡史：從殖民地至特別行政區〉，《香港簡史：從殖民地至特別行政區》，香港：香港中華書局，2013，頁43。

[2]　Van Dyke Paul Arthur, "Chapter 1 the Trading Environment" & "Chapter 2 Contracts and Trade," in *Merchants of Canton and Macao: Politics and Strategies in Eighteenth-Century Chinese Trade* (Hong Kong: Hong Kong University Press ; Japan: Kyoto University Press, 2011), pp.7-31.

　　伊斯蘭是世界三大宗教之一，歷史悠久，在全球擁有廣泛影響力[3]。然而，主流香港社會對伊斯蘭的教義及穆斯林社群的歷史文化認知不足。本地穆斯林社群過往也傾向低調地參與本地社會事務，加上其內部本身存在相當強的內聚力，使到他們與其他本地社群之間的交流不甚頻繁。這使到社會大眾普遍對伊斯蘭和本地穆斯林社群缺乏認知。因此，相對於基督教、天主教及佛教等宗教，伊斯蘭一直在香港被視為非主流的小眾宗教，本地穆斯林社群對香港社會的貢獻也常常被忽視。

　　雖然如此，伊斯蘭仍然是香港歷史不可或缺的一部分。穆斯林社群，不論是華人穆斯林還是非華裔的穆斯林，他們的社群發展歷程皆與香港的歷史發展密不可分。

　　香港自開埠以來便是一個中外政治、經濟和文化的交匯點。伊斯蘭作為世界最主要的宗教之一，信奉者的總人數佔全球總人口近四分之一，不少與香港關係密切的國家，如印度尼西亞及馬來西亞等都是亞洲主要的伊斯蘭國家，當中印度尼西亞更是全球最多穆斯林人口的伊斯蘭國家[4]。香港作為一個國際城市，其歷史發展固然是動態而多變的，同時亦會涉及到不同宗教、文化和社群之間的碰撞和互動。穆斯林社群在香港的發展歷程便是當中不可忽視的例子。

　　「伊斯蘭」源於阿拉伯文的音譯，原意是指順從並接納真主的指示和安排。因此，這詞語除了是名詞，是也是一組動詞，意

---

[3]　William E. Shepard, "Pt. I History of the Community" in *Introducing Islam* (London; New York: Routledge, 2009), pp.11-38.

[4]　Ho Wai-Yip, "The Emerging Visibility of Islam through the Powerless: Indonesian Muslim Domestic Helpers in Hong Kong" *Asian Anthropology* 14:1 (2015), pp. 79-90.

指服從真主旨意的行為。

伊斯蘭宗教經典《古蘭經》的第五章第三節中便提及到：
「……今日，我（真主）已為你們完成了你們的宗教，我已對你們
完成了我的恩典，並為你們選擇了伊斯蘭作為你們的宗教……」
（《古蘭經》，5:3），說明了伊斯蘭是真主為穆斯林所選擇和
指派的宗教。「穆斯林」則是一組名詞，同樣是源於阿拉伯文
的音譯，意指順從伊斯蘭並願意以阿拉（Allah）為唯一造物者的
人[5]。

伊斯蘭的誕生大體上可追溯至公元七世紀的阿拉伯半島地
區，經歷了不同時代的發展，現時已經發展成為一個世界性的宗
教。信奉伊斯蘭的穆斯林遍佈世界各地，在文化和政治層面上為
不同的地域帶來了深刻的改變[6]。

過去本地學術界有關於香港穆斯林社群的研究主要從人類學
及社會學的角度切入，著重於探討當代香港穆斯林社群的社群生
活以及穆斯林宗教身份認同與傳承等議題。

相對而言，以本地穆斯林社群的發展為主題的歷史學研究則
較少[7][8]；至於以華人穆斯林為研究主體的論述則更是鳳毛麟角。

---

[5] 國立臺灣博物館、臺灣伊斯蘭研究學會，〈B. 宗教儀式及節慶〉、
〈C. 生命禮儀〉，《伊斯蘭：文化與生活》（臺北：國立臺灣博物館，
2014），頁78-115。

[6] 國立臺灣博物館、臺灣伊斯蘭研究學會，頁78-115。

[7] Paul O'Connor, "Accepting Prejudice and Valuing Freedom: Young Muslims and
Everyday Multiculturalism in Hong Kong" *Journal of Intercultural Studies* 31:5
(2010), pp. 525-539.

[8] Caroline Plüss, "Becoming Different while Becoming the Same: Re-Territorializing
Islamic Identities with Multi-Ethnic Practices in Hong Kong" *Ethnic and Racial
Studies*, 29:4 (2006), pp. 656-675.

圖表1.1　香港各主要穆斯林社群的人口總數（2018年；萬）[9]

穆斯林社群	人口數目
印尼穆斯林	15
華人穆斯林	5
巴基斯坦穆斯林	3
其他非華裔穆斯林	7
在港穆斯林人口總數	30

　　可是，根據2018年香港政府年報的數據（參見圖表1.1）[10]，香港穆斯林人口共有30萬人，當中佔最大宗為印度尼西亞人（主要是來自當地的家庭傭工），共約15萬；其次便是華人穆斯林，約5萬人，而巴基斯坦裔穆斯林，則約為3萬人。

　　2018年香港的總人口共約有748萬，當中超過92%屬華裔，華人穆斯林人口約為總人口的0.67%。因此，華人穆斯林群體成為了一群「多數中的少數」社群。雖然他們具華人的血統，但他們的宗教背景和生活習慣卻與主流華人社群存在一定的差異。

　　本地華人穆斯林的歷史發展一直以來並未受到本地學術界的重視，針對本地華人穆斯林的專著則更是屈指可數。因此，筆者希望透過出版本書來填補相關空白，以提高香港社會大眾對本地華人穆斯林的認識。

　　本書的內容主要涵蓋以下四點：1. 整理香港穆斯林社群歷史發展的歷程，了解不同穆斯林社群的遷移至香港的經歷；2. 勾勒華人穆斯林社群在香港「在地化」的歷程及演變；3. 從個別華人

---

[9]　政府新聞處，〈第21章 宗教和風俗〉，《2018年香港年報》（香港：政府新聞處，2019），頁204-308。

[10]　政府新聞處，《2018年香港年報》，頁304-308。

穆斯林家族的歷史了解「廣東穆斯林」和「北方穆斯林」這兩大香港華人穆斯林社群遷移至香港的過程；4. 討論香港華人穆斯林社群如何增加社會和政治影響力以及他們在傳承伊斯蘭宗教意識和身分認同時所面對的挑戰。

正如前文所提及，本地及海外有關於華人穆斯林社群的歷史發展及其「在地化」歷程等的研究專著並不多。本書期望能系統性地組織和分析香港華人穆斯林社群的發展過程，探討這個社群在香港社會所扮演的角色以及他們在政治和社會層面上的影響力。筆者也相信這可對促進本地華人穆斯林歷史的研究起著一定的示範作用。

穆斯林社群在香港已經植根百餘載，香港社會應該對其有著更深入的了解和認識。尤其是在近年來，國際地緣政治紛擾不堪，不少以「伊斯蘭」作旗號的武裝勢力也曾在世界各地興起。這無可避免地進一步增加了本地大眾對伊斯蘭及穆斯林的誤解及成見[11]。有見及此，筆者也期望社會大眾能透過本書來增加對伊斯蘭的認識，理解伊斯蘭的教義並尊重不同社群間的文化差異。

本書共分為8個章節。第1章概論香港整體穆斯林社群的歷史；第2章則討論兩大香港華人穆斯林社群：「廣東穆斯林」和「北方穆斯林」遷移至香港的歷程；第3章則透過伊斯蘭於華南地區傳播的歷史過程來論證伊斯蘭與該地區的歷史淵源；以及討論自開埠初期至二十世紀初期來港的「廣東穆斯林」的遷移經歷。

---

[11] Frazer Egerton, "Movement: From Actual to Ideological," in *Jihad in the West: The Rise of Militant Salafism* (Cambridge, UK; New York: Cambridge University Press, 2011), pp. 100-131.

　　第4章討論戰前「廣東穆斯林」如何率先在香港展開「在地化」及建構新的社群，使到他們成為香港華人穆斯林社群的先導者。

　　第5章勾勒「廣東穆斯林」在戰後至1970年代所建構的社群生活。

　　第6章以討論戰後來港的「北方穆斯林」的遷移經歷及在香港的「在地化」為主軸。

　　第7章討論自1970年代以降，香港華人穆斯林社群在參與本地政治和社會事務的嘗試，並探討他們的政治參與度如何在香港回歸後達致新的頂峰。但是在政治力量增加的同時，本地華人穆斯林社群也需要面對年輕一代宗教意識日漸薄弱和宗教傳承斷層的挑戰。

　　第8章總結本書的內容及討論香港華人穆斯林社群如何在香港這個世俗化的社會中掙扎求存，並嘗試解決宗教傳承斷層的問題。

第2節　文獻回顧：香港伊斯蘭研究一覽

　　現時海內外有關香港華人穆斯林社群的學術專著並不多。整體而言，有關香港穆斯林社群的研究集中於兩個面向：1. 以人類學、社會學等視角來研究香港穆斯林的社群發展和身分認同的議題；2. 側重於非華裔穆斯林的社群歷史和生活文化。

　　就第一個面向而言，其中一例便是學者杜瑞樂（Joel Thoraval）有關本地穆斯林喪葬禮儀的研究。該研究以香港穆斯林社群的葬禮和祈禱安排作為研究的對象[12]，從這些儀式的演變來了解香港

---

[12] Joel Thoraval,〈葬禮與祈禱的安排——香港回教信託基金總會歷史概貌（1850-1985）〉，《諸神嘉年華：香港宗教研究》（香港：牛津大學出

回教信託基金總會（下稱「基金總會」）的歷史變遷。這項研究回顧了香港主要穆斯林社團組織自開埠以來到1985年期間的歷史發展以及它們之間的分歧；而這些爭議與二戰後民族主義的興起以及本地政治環境的改變是息息相關的[13]。

社會學家貝嘉蘭（Caroline Plüss）的研究則探討了香港穆斯林集體身份的建構。她的研究回顧了香港穆斯林社群的歷史發展並得出了和杜瑞樂相類似的結論：本地不同的穆斯林社群，包括印度穆斯林、巴基斯坦穆斯林以及華人穆斯林等社群之間存在著文化和經濟利益上的衝突[14]。這些衝突可以體現在不同穆斯林社團之間的互動和角力之中，例如中華回教博愛社與香港伊斯蘭聯會之間便曾就財務事宜及宗教事務的管轄權存在分歧[15]。

此外，兩人也預見香港回歸中國後，華人穆斯林社群在香港穆斯林社群中的地位將會變得日益重要，成為香港影響力最大的穆斯林社群之一。[16]。

人類學學者衛妮德（Anita Weiss）則採用人類學的視野及研究法來研究香港穆斯林群體中的「本地仔」（南亞裔穆斯林和華

版社，2002），頁413。

[13] Joel Thoraval,〈葬禮與祈禱的安排──香港回教信託基金總會歷史概貌（1850-1985）〉,《諸神嘉年華：香港宗教研究》，頁413。

[14] Caroline Plüss, "Becoming Different while Becoming the Same: Re-Territorializing Islamic Identities with Multi-Ethnic Practices in Hong Kong", pp. 656-675.

[15] Caroline Plüss, "Becoming Different while Becoming the Same: Re-Territorializing Islamic Identities with Multi-Ethnic Practices in Hong Kong", pp. 656-675.

[16] Caroline Plüss, "Becoming Different while Becoming the Same: Re-Territorializing Islamic Identities with Multi-Ethnic Practices in Hong Kong", pp. 656-675. Joel Thoraval,〈葬禮與祈禱的安排──香港回教信託基金總會歷史概貌（1850-1985）〉,《諸神嘉年華：香港宗教研究》，頁413。

人的混血兒）社群的身份認同議題。她的研究也有對香港穆斯林社群的歷史作出回顧，但她以南亞裔穆斯林和「本地仔」的社群發展為核心，有關華人穆斯林社群的討論則涉獵較少。然而，衛妮德的研究透視了香港南亞裔穆斯林社群的發展與殖民地政府有著密切的關係[17]。這些「本地仔」的祖輩大致上可分為兩類：1. 是跟隨英國政府來港經商的印度裔商人；2. 是被殖民地政府僱用為警察和懲教人員的南亞裔穆斯林[18]。該研究指出二次大戰後香港的經濟和政治局勢的改變，對本地穆斯林社群的發展構成了實質和深遠的影響。

　　總括而言，學者大多預期，在1997年香港回歸中國後，華人穆斯林在香港穆斯林社群中的角色將會變得愈來愈重要。華人穆斯林如何處理與其他穆斯林社群之間的關係將會成為一個重要的議題[19]。

　　就第二個研究面向而言，相關的研究側重於探討當代香港非華裔穆斯林社群的發展和生活文化。這些研究運用人類學和社會學的視角來探討香港穆斯林社群在香港社會所面對的各種挑戰及與本地主流社會融合時所產生的矛盾和衝突。

　　人類學學者羅礦烈（Paul O'Connor）以人類學的角度來討論香港穆斯林與香港主流社會的文化融合，探討穆斯林在香港日常

---

[17] Anita Weiss, "South Asian Muslims in Hong Kong: Creation of a "Local Boy" Identity" *Modern Asian Studies,* 25:3 (1991), pp. 417-453.

[18] Anita Weiss, "South Asian Muslims in Hong Kong: Creation of a "Local Boy" Identity", pp. 417-453.

[19] Anita Weiss, "South Asian Muslims in Hong Kong: Creation of a "Local Boy" Identity", pp. 417-453; Caroline Plüss, "Hong Kong's Muslim Organisations: Creating and Expressing Collective Identities" *China Perspectives*, 29 (2000), pp. 19-23.

生活中所面對的問題以及在建立身分認同時所面對的困難[20]。該研究也有提及華人穆斯林在香港實行伊斯蘭禮儀的難處，例如伊斯蘭法規視豬肉為不潔的食物，穆斯林不可食用豬肉，但豬肉卻是華人飲食文化中不可或缺的食材。因此，本地華人穆斯林在外出用膳時，稍有不慎便會誤吃含豬肉或豬油成分的食物。該研究也指出了普遍香港民眾對於伊斯蘭的認知存在著一定的偏差[21]。這項研究整體上側重於非華裔穆斯林的社群的生活和文化，有關本地華人穆斯林社群的討論並不多。[22]

　　中國內地也有少數研究香港穆斯林社群的發展過程的學術論著。湯開建及田映霞在〈香港伊斯蘭教的起源與發展〉一文中分析了早期香港穆斯林社群在香港形成的原因和過程，點出了殖民地政府對早期本地穆斯林社群形成扮演著極為重要的角色[23]。

　　湯氏在另外一篇論文〈兩次戰爭時期香港穆斯林的發展與變化〉中探討了二次大戰如何影響了香港穆斯林社群的發展和流佈[24]。論文指出在二次大戰期間，大量來自內地北方以及廣東、雲南、廣西一帶的穆斯林因戰亂而逃離至香港定居。在戰爭結束後，印度和巴基斯坦等地相繼脫離英國獨立，不少來自當地的穆斯林紛紛返回母國定居發展。本地南亞裔穆斯林與華人穆斯林的

---

[20] Paul O'Connor, *Islam in Hong Kong: Muslims and Everyday Life in China's World* (Hong Kong: Hong Kong University Press, 2012).

[21] Paul O'Connor, *Islam in Hong Kong: Muslims and Everyday Life in China's World*.

[22] Paul O'Connor, "Everyday Hybridity and Hong Kong's Muslim Youth" *Visual Anthropology*, 24:1-2 (2010), pp. 203-225.

[23] 湯開建、田映霞，〈香港伊斯蘭教的起源與發展〉，《東南亞研究》，6（1995），頁48-56。

[24] 湯開建，〈兩次戰爭時期香港穆斯林的發展與變化〉，《東南亞研究》，6（1996），頁57-60。

人口數量和勢力因而呈此消彼長之勢。華人穆斯林在戰後漸漸成為香港勢力最大的穆斯林社群之一[25]。

華人穆斯林學者馬強對在粵港兩地華人穆斯林社群的歷史文獻資料作了系統性的整理。他把戰前粵港兩地華人穆斯林的刊物及各種一手文獻資料加以選輯成《民國時期廣州穆斯林報刊資料輯錄：1928-1949》及《民國時期粵港回族社會史料輯錄》兩本重要的史料輯錄。這些華人穆斯林刊物包括了《天方學理月刊》、《晨光週刊》、《廣州回教青年會月》、《穆士林》、《穆民》、《塔光》、《清真教刊》、《回教青年會刊》、《回聲》、《廣州回協》以及《懷聖》。

這些刊物由不同的華人穆斯林社團在粵港兩地出版。出版年期涵蓋民國初年至抗日戰爭結束，內容包括政治、社會、文化禮儀等議題，從中能找到不少能證明香港和廣州華人穆斯林社群之間互動頻繁，有著活躍而緊密的社群聯繫的證據。與此同時，這些刊物也提供了不少有關香港第一個華人穆斯社團──中華回教博愛社的重要史料[26]，讓我們可以深入了解粵港兩地華人穆斯林社群的互動和聯繫。

---

[25] 湯開建，〈兩次戰爭時期香港穆斯林的發展與變化〉頁57-60；湯開建、田映霞，〈香港伊斯蘭教的起源與發展〉，頁48-56。

[26] 馬強，《民國時期廣州穆斯林報刊資料輯錄：1928-1949》（銀川：寧夏人民出版社，2004），第一版；馬強，《民國時期粵港回族社會史料輯錄》，（蘭州：甘肅民族出版社，2012），第一版。

圖表1.2 二次大戰結束前在粵港兩地出版的主要穆斯林刊物一覽表[27]

刊物名稱	出版團體（出版地）	形式	創辦年期	主要內容
天方學理月刊	廣州濠畔街回教堂《天方學理月刊》社（廣州）	月刊	1928年10月	民國時期最早於廣州創辦的穆斯林刊物，內容多元化，涵蓋生活、文化、政治等領域，是最具影響力的穆斯林刊物之一。
晨光週刊	不詳（廣州）	周報	1925年	不詳
穆士林	廣州《穆斯林》出版社／中華回教博愛社代理（香港）	期刊	1930年9月	主辦者多為於香港居住的穆斯林，他們亦多是中華回教博愛社的成員，刊物主要包羅萬有，宗教、文學等各方面的資訊皆有涉及。
穆民	廣州小東營回教禮拜堂穆民月報社（廣州）	月刊	1931年1月	集中介紹穆斯林的文化及禮儀活動的知識及資訊，其著作風格與《天方學理同刊》相近。
塔光	張耀漢、楊漢光等人（廣州）	不定期	1935年11月	報道伊斯蘭教義及教胞消息為主。
清真教刊	熊振中阿訇並由中華回教博愛社代轉來信（香港）	原為月刊，後改為不定期	1936年	報道教胞資訊，包括文藝、論說及教義等部分。

---

[27] 馬強，《民國時期廣州穆斯林報刊資料輯錄：1928-1949》；馬強，《民國時期粵港回族社會史料輯錄》。

刊物名稱	出版團體 （出版地）	形式	創辦年期	主要內容
中華回教青年會刊	香港中華回教青年會（香港）	不定期	1937年	抗戰愛國刊物，主要是作為抗戰的宣傳刊物，支持教胞為國抗戰，宣揚愛國為救之精神。
回聲	中回回教救國協會（廣州）	月刊	1941年	以宣揚教胞愛國意識及報道廣州教胞消息為主。
廣州回協	中國回教協會廣州支會（廣州）	不定期	1947年	以報道廣州回協的會務為主，出版年期非常短，至1948年1月停刊。
懷聖	中國回教協會廣州分會光塔寺（懷聖寺）文化部（廣州）	月報	1948年7月	總編為熊振宗，以宣揚教義和報道世界伊斯蘭情況為主，是新中國成立前廣州僅存的穆斯林刊物。

　　本地學者何偉業的研究[28]則對香港華人穆斯林的遷移歷史有較多的討論，他分析了不同時期來港的華人穆斯林的流佈和社群特色。他也探討了華人穆斯林社群與其他本地穆斯林社群之間的聯繫。他指出華人穆斯林社群在香港回歸中國後，其政治參與度日漸增加，並同時希望能增加本地華人穆斯林的宗教意識和認同感。

　　在上述各項以人類學和社會學視野為軸的研究中，與華人穆斯林的家族遷移歷史及其「在地化」歷程相關的研究論述並不多

---

[28]　Ho Wai-yip, *Islam and China's Hong Kong: Ethnic Identity, Muslim Networks and the New Silk Road*, pp. 63-83.

見，為相關的領域預留了新的研究空間和機會。

在政府文獻方面，與本地穆斯林社群相關的早期政府檔案以人口統計報告為主。在開埠早期，官方的人口統計數字大體上以種族作為劃分人口的標準，但是種族與宗教信仰並非直接對等關係，因此我們難以確切掌確當時本地穆斯林社群的實際人口數目。

另外一個主要的資料來源是政府的地政部門，這此資料包括了批准穆斯林社群興建清真寺、穆斯林墳場等的土地契約，例如跑馬地墳場的回教墳場用地[29]、中半山些利街清真寺的批地合約以及信託人名單等。

除了政府檔案外，各穆斯林社團，例如香港伊斯蘭聯會、中華回教博愛社等皆有出版自己的刊物。當中香港伊斯蘭聯會定期出版的《香港伊斯蘭聯會通訊》刊載了不少與香港穆斯林社群相關的消息，是相當實用的資料。《中華回教博愛社：社址重建特刊》等紀念性刊物則有助了解華人穆斯林社群的辦學教育情況、宗教領袖的人事變動以及華人穆斯林社團與不同政治勢力的交流[30]。

其他可用的文獻資料還包括了從若干本地華人穆斯林家族所收集回來的家族族譜，如《羽氏族譜》、《薩氏族譜》等。這些

---

[29] Registrar General's Department, Land Registry, *I.L. 288, Mussulman Cemetery Deed of Appropriation* (Hong Kong: Registrar General's Department, Land Registry, 1933).

[30] 中華回教博愛社，《中華回教博愛社：社址重建特刊》（香港：中華回教博愛社，1999）；中華回教博愛社，《中華回教博愛社金禧紀念特刊：1929-1979》（香港：中華回教博愛社，1979）；徐錦輝，《香港中國回教協會，1949-1999：五十週年特刊》（香港：香港中國回教協會，1999年）。

族譜為研究華人穆斯林家族從中國內地遷移至香港的時間、規模和路徑提供了重要的資訊。

　　總括而言，現時海內外與華人穆斯林歷史相關的學術研究數量並不多。本書期補充這方面的空白，借此機會來全面勾勒香港華人穆斯林社群的遷移和在地化歷程。

第3節　研究方法

　　在研究方法方面，本研究以質性研究為主。研究主要分為三個部分：1. 現有史料及專著的分析；2. 收集和整理第一手史料，例如華人穆斯林家族的族譜；3. 結合人類學的田野考察方法，觀察法及訪談法並用。筆者前後共為本研究進行了14個正式的口述歷史訪談來收集第一手的史料。這些受訪者來自不同的本地華人穆斯林家族，部分人士也曾在不同的穆斯林社團中擔任重要的職位，因此提供了非常重要和寶貴的口述歷史資料。然而，部分受訪者因年事已高，他們所回憶之事、地、人等資料並不完全準確，但礙於文本資料相當缺乏，這使到校對資料真確性的難度相當高。

　　除此之外，本地華人穆斯林家族乃至穆斯林社團組織對歷史檔案管理和保存的認識仍有待加強。重要檔案資料散失不全甚或下落不明的情況時有發生，這些可能影響到史料的完整性。本地華人穆斯林社群經過一百多年來的發展，不同家族間關係千絲萬縷，筆者在力所能及的範圍下已盡力理清其發展脈絡，但史料之散失使部分口述歷史內容無法透過文本文獻來交叉比對，在一定程度上為本研究帶來了研究的局限。

第4節 「華人穆斯林」、「社群」及「在地化」相關概念的定義與討論

在本書中，「華人穆斯林」大體上是指所有在文化層面上認同自己為華人的穆斯林，不論他們是一出生便是穆斯林，還是後天才入教的。

在內地和香港，「華人穆斯林」普遍被稱為「回民」，而伊斯蘭則被稱為「回教」。這可能是因為在過往中國的歷史中，穆斯林常常被約定俗成稱為「回回」。

「回回」一說初見於宋代《夢溪筆談》一書，原泛指西北的邊族[31]。在《明史》中則更有「元時回回滿天下。」的說法，這裡的「回回」應是眾多不同的穆斯林社群的統稱[32]。

及至元朝，當時的官方文獻中也常見「回回村」、「回回營」等與穆斯林直接相關的用語。可見「回回」已漸漸地成為對穆斯林的總稱[33]。

在明代年間，政府大力推動漢化運動，很多穆斯林家族因通

---

[31] 沈括，《夢溪筆談》26卷，《補筆談》2卷，《續筆談》（臺北：臺灣商務印書館，1968），臺一版。

[32] 林長寬，《中國回教之發展及其運動》（臺北：中華民國阿拉伯文化經濟協會，1986），頁11-44；林長寬，〈伊斯蘭東傳中國再探討：中國伊斯蘭發展之歷史背景〉，《伊斯蘭在地化：中國伊斯蘭發展之探討》（香港：香港中文大學出版社，2015），頁27-46。

[33] 張廣林，〈一、伊斯蘭教傳入中國的歷史〉，《中國伊斯蘭教》（北京：五洲傳播出版社，2005年），頁1-14，第1版；林長寬，〈伊斯蘭東傳中國再探討：中國伊斯蘭發展之歷史背景〉，《伊斯蘭在地化：中國伊斯蘭發展之探討》（香港：香港中文大學出版社，2015），頁27-46。

婚及改姓而被漢化[34]。穆斯林也散居於大江南北，故不能再單以
地域來劃分族群的差異。這種延續多年的漢化的現象，已經令到
我們不能單以所謂的民族血統來分辨某一社群是否屬於穆斯林。

　　在現行中華人民共和國的「民族識別」框架下，全國共有
56個民族[35]。「回族」在這個框架下，便被劃分成其中一個「民
族」[36]。因此，若我們簡單地把「回民」等同於穆斯林或把「回
教」等同於伊斯蘭就很容易認為華人穆斯林就等同是「回民」；
而伊斯蘭則等同於「回教」。這種邏輯推論是不盡正確的，因為
也有不屬於「回族」的民眾是信奉伊斯蘭的穆斯林。

　　事實上，全國共有10個民族的主要宗教是伊斯蘭，它們分別
是回族、維吾爾族，哈薩克族、烏孜別克族、塔吉克族、塔塔爾
族、柯爾克孜族、撒拉族、東鄉族以及保安族，另外還有少數的
漢族穆斯林[37]。

　　因此，信奉伊斯蘭的人口在文化和地域背景上是多元的。伊
斯蘭並不是屬於某個「民族」或社群的宗教，它是一個跨越地域

---

[34] 林長寬，〈伊斯蘭東傳中國再探討：中國伊斯蘭發展之歷史背景〉，
　　《伊斯蘭在地化：中國伊斯蘭發展之探討》，（香港：香港中文大學出
　　版社，2015），頁27-46。

[35] 施聯珠，〈具中國特色的民族識別〉，《中國的民族識別：56個民族的
　　來歷》，（北京：民族出版社，2005），頁59-104；Dru C. Gladney, "Ch.
　　2 Creating Ethnic Identity in China: The Making of the Hui Nationality & Ch. 3
　　Ethnoreligious Resurgence in a Northwestern Sufi Community," in *Ethnic Identity
　　in China: The Making of a Muslim Minority Nationality* (Belmont, CA: Wadsworth
　　Group, 2003), pp. 25-80; Shih Chih-yu, "Part IV Ethnic Religion: The Adaptation
　　of Islam," in *Negotiating Ethnicity in China: Citizenship as a Response to the State*
　　(London; Routledge, 2002), pp. 129-145.

[36] 黃光學，《中國的民族識別》（北京：民族出版社，1995）。

[37] 施聯珠，〈具中國特色的民族識別〉，《中國的民族識別：56個民族的
　　來歷》，（北京：民族出版社，2005年），頁59-104。

和「民族」邊界的宗教。

另外一方面，筆者認為「民族」本身就是一個由政治及社會因素所建構的結果[38]。自明代以來，不少所謂的外族穆斯林在經歷「漢化」運動後，其日常生活模式乃至身分認同皆與「漢人」無太大的差異。

例如在明代中葉以來，穆斯林社會精英及知識分子便嘗試把理學思想與伊斯蘭的哲學結合，推動「以儒詮經」的風氣。這反映了當時的穆斯林精英已經認同儒家道統與伊斯蘭的宗教哲學存在結合的空間和需要，在文化層面上呈現一種趨同的傾向[39]。

筆者在本書中對「華人穆斯林」採用了較廣義和寬鬆的定義。在文化層面上認同自己是華人的穆斯林皆應被視為「華人穆斯林」。使用「華人穆斯林」這個較廣義的名詞可免除有關國籍和政治認同層面上的爭議，並超越單純國籍和血統上的限制。這定義也可廣泛應用在歷來從中國內地遷移流動至不同地方如香港、臺灣、東南亞乃至中東各地的華人穆斯林社群，從而更有效地表達華人穆斯林社群人口在不同文化圈之間遷移的本質。

本書另外一個比較重要的關鍵詞便是「在地化」（Localization）。

---

[38] Benedict Anderson，〈第三章：民族意識的起源〉，《想像的共同體：民族主義的起源與散布》（臺北：時報文化出版企業股份有限公司，1999），初版。

[39] 林長寬，〈伊斯蘭東傳中國再探討：中國伊斯蘭發展之歷史背景〉，《伊斯蘭在地化：中國伊斯蘭發展之探討》（香港：香港中文大學出版社，2015），頁27-46；沙宗平，〈從經堂教育到漢文著書：穆斯林漢化初探〉，《伊斯蘭在地化：中國伊斯蘭發展之探討》（香港：香港中文大學出版社，2015），頁85-96；楊文炯，〈論中國伊斯蘭思想與傳統之在地化〉，《伊斯蘭在地化：中國伊斯蘭發展之探討》（香港：香港中文大學出版社，2015），頁61-84；許淑杰，〈明清漢文伊斯蘭譯著運動再考察〉，《世界宗教研究》，2（2010），頁165-170。

　　「在地化」是人類學、社會學等學科常被用到的概念。居住在每一個地域的社群都因各自的人文和自然因素而建構出不同的生活方式，從而形成不同的「文化」[40]。「文化」是指一個社群的成員共同經歷一段較長的時間而所學習到的習慣和能力。在這些習慣背後，則同時有著一套道德和意識形態的價值觀來支撐著這些能力和習慣的合理性和正當性[41]。

　　在伊斯蘭的世界裡，所有穆斯林都應該是無分彼此的兄弟姐妹，共同屬於一個大型的「溫瑪」（*Ummah*或中譯為「社群」）[42]。然而，正如臺灣穆斯林學者林長寬在《伊斯蘭在地化——中國伊斯蘭在地化》中所言：「如同其他世界宗教，伊斯蘭的發展過程中呈現出具差異性之在地特色，表現於不同的地方文化、歷史、政治、地理情境中。」[43]。因此，伊斯蘭在不同地域的發展皆與當地的政治和社會環境緊密相連，並產生在地化的特色。在香港，華人穆斯林社群的「在地化」歷程很大程度上是由政治和社會局勢的改變所驅動的。為了在香港這個多變的環境中生存，華人穆斯林社群需要靈活地按政治、經濟和社會局勢來改變應對的策略，甚至無可避免地需要與其他社群合作、融合甚或

---

[40] 楊文炯，〈論中國伊斯蘭思想與傳統之在地化〉，《伊斯蘭在地化：中國伊斯蘭發展之探討》（香港：香港中文大學出版社，2015），頁61-84；丁士仁，〈論伊斯蘭在地化的問題〉，《伊斯蘭在地化：中國伊斯蘭發展之探討》（香港：香港中文大學出版社，2015），頁26。

[41] Clifford Geertz, *Islam Observed; Religious Development in Morocco and Indonesia* (New Haven: Yale University Press, 1968).

[42] 林長寬，〈伊斯蘭東傳中國再探討：中國伊斯蘭發展之歷史背景〉，《伊斯蘭在地化：中國伊斯蘭發展之探討》（香港：香港中文大學出版社，2015），頁27-46。

[43] 林長寬，《伊斯蘭在地化：中國伊斯蘭發展之探討》（香港：香港中文大學出版社，2015）。

是產生衝突。順著這個思路，本書嘗試了解香港的華人穆斯林社群怎樣隨著本地文化和政治環境的改變來採用不同的策略來達至社群的「在地化」。

第2章
概論香港穆斯林社群發展史

第1節　飄洋過海：香港穆斯林社群之肇始

香港穆斯林社群的發展歷史與各種政治及貿易因素有密切相關，其歷史發展大體上可以分為四個主要時期：第1期是自開埠以來至1910年代，因應英國殖民政府的軍事和商業利益而來到香港的印度裔軍人、水手和商人成為了香港穆斯林社群的肇始；第2期是在1910年代至二次大戰期間，華人穆斯林為了逃避內地長期不穩定的政治及經濟狀況而來香港找尋新的發展機會，他們也成為了香港華人穆斯林社群構成的主體；第3期是二次大戰後至1990年代，這是香港穆斯林社群發展的日漸成熟的時期[1]。第4期是1990年代至今。在1990年代香港穆斯林的人口上升，其主要原因是自1990年代中期隨著香港的經濟持續起飛及「核心家庭」的形成日漸普遍，使到香港社會對外籍家庭傭工的需求不斷增加。印度尼西亞作為全球穆斯林人口最多的國家，自1990年代中期起向香港輸入了數以十萬計的家庭傭工，他們因而成為了香港人口最多的穆斯林社群。[2]此外，在全球化的影響下，愈來愈多來自非洲國家如尼日利亞及蘇丹等國的非洲裔穆斯林來到香港從商甚或尋求政治庇護，使到香港穆斯林社群的構成變得更為多元化[3]。

---

[1]　Ho Wai-yip, *Islam and China's Hong Kong: Ethnic Identity, Muslim Networks and the New Silk Road*, p.24.

[2]　Ho Wai-Yip, "The Emerging Visibility of Islam through the Powerless: Indonesian Muslim Domestic Helpers in Hong Kong" pp.79-90; Amy Sim, *Organising Discontent: NGOs for Southeast Asian Migrant Workers in Hong Kong* (Hong Kong: Southeast Asia Research Centre, City University of Hong Kong, 2002).

[3]　Gordon Mathew，《世界中心的貧民窟：香港重慶大廈》（香港：紅出版青森文化，2013）。

　　香港在鴉片戰爭後成為了英國在遠東地區其中一個殖民地，被納入了大英帝國的環球管治體系[4]。與此同時，英國在遠東地區的另一個主要根據地——印度的勢力也不斷地在擴大。

　　印度與香港被置於同一帝國管治體系下，英國從印度派遣官員及士兵來港，分別負責香港的政務及軍事防務，印度裔穆斯林遷移到港的第一波浪潮由此展開[5]。

　　據可考的資料記載，第一批外來的穆斯林大約在19世紀中葉來到香港。他們大都是隨著英國東印度公司的商船來港的印度裔海員和商人[6]。隨著清廷與英國兩國之間的貿易日益頻繁，香港因位處珠江口而成為了英國商船前往華南地區時的主要停靠站[7]。不少來自今孟加拉及印度一帶的穆斯林商人、海員、和苦

---

[4] Van Dyke Paul Arthur, *Merchants of Canton and Macao: Politics and Strategies in Eighteenth-Century Chinese Trade*, pp.7-31; John M. Carroll，《香港簡史：從殖民地至特別行政區》，頁43。

[5] Anita Weiss, "South Asian Muslims in Hong Kong: Creation of a "Local Boy" Identity", pp. 417-453; Van Dyke Paul Arthur, *Merchants of Canton and Macao: Politics and Strategies in Eighteenth-Century Chinese Trade*, pp.7-31; Caroline Plüss, "Hong Kong's Muslim Organisations: Creating and Expressing Collective Identities", pp. 19-23; Ho Wai-yip, *Islam and China's Hong Kong: Ethnic Identity, Muslim Networks and the New Silk Road*, pp. 1-44.

[6] 在公元1757年，英國與當時實際統治印度地區的莫臥兒帝國爆發戰爭，史稱「普拉西戰役」，在該場戰爭中，英國獲得勝利並自此不斷擊退法國在印度地區的勢力，把印度逐漸變成英國的殖民地；東印度公司亦因而獲得更多的貿易機會及相關的利益，不斷擴展其勢力和業務到其他亞洲地區，包括中國。G. J. Alder, "British India's Northern Frontier, 1865-95: a Study in Imperial Policy" in *British India's Northern Frontier, 1865-95; a Study in Imperial Policy* (London: Longmans, 1963), pp. 78-100; Tan Tai-yong, "Sepoys and the Colonial State: Punjab and the Military Base of the Indian Army 1849-1900" in *The British Raj and its Indian Armed Forces, 1857-1939* (New York: Oxford University Press, 2002), pp. 7-44.

[7] Van Dyke Paul Arthur, *Merchants of Canton and Macao: Politics and Strategies in*

力便跟隨這些英國商船來到港，並為香港帶來了伊斯蘭的生活方式和文化[8]。除了商人以外，英國政府也從印度派遣士兵來港服役，當中不少也是來自拉合爾、甘貝浦等地的穆斯林。

在1845年，香港島上的印度裔穆斯林社群人口共約有360人，以男性為主，基本都是士兵及商人[9]。及後，第二次鴉片戰爭爆發，清廷與英國簽署了《北京條約》，九龍半島亦被割讓予英國。英國在九龍尖沙嘴一帶建立新的軍事設施，派兵駐守，使到當地成為了另外一個印度裔穆斯林聚集的地方。

在香港，這些來自南亞地區的穆斯林多被華人稱為「摩羅」。在今天的中上環可見「摩羅上街」（Upper Lascar Row）和「摩羅下街」（Lower Lascar Row）。自十九世紀中期開始，該區域便已是這些「摩羅」聚居和生活的地方。

來自印度的穆斯林一般都能說流利的英語，因此他們比華人更容易得到英國殖民地政府的信任，從而在社會和經濟層面上獲得比華人較大的影響力，甚至獲政府批地興建屬於他們的宗教場所。其中一例便是建於摩羅上街及摩羅下街附近的「些利街清真寺」。該寺是香港歷史最悠久的清真寺，本地華人穆斯林一般稱之為「大廟」。

該寺的歷史可追溯至1895年。當年香港政府把今天些利街清

Eighteenth-Century Chinese Trade, pp.7-31; Anita Weiss, "South Asian Muslims in Hong Kong: Creation of a "Local Boy" Identity", pp. 417-453.

[8]　Anita Weiss, "South Asian Muslims in Hong Kong: Creation of a "Local Boy" Identity"), pp. 417-453; Caroline Plüss, "Hong Kong's Muslim Organisations: Creating and Expressing Collective Identities", pp. 19-23.

[9]　Anita Weiss, "South Asian Muslims in Hong Kong: Creation of a "Local Boy" Identity", pp. 417-453; Caroline Plüss, "Hong Kong's Muslim Organisations: Creating and Expressing Collective Identities", pp. 19-23.

真寺所在的土地租借予四位當時香港穆斯林社群的代表,並以他們作為信託人來管理這塊土地。該租約由1849年12月3日起租期999年,出租予本地穆斯林社群作興建清真寺之用[10]。該寺在1905年以印度風格重建,並命名為Jamia Masjid。

另一個例子則是在1870年,香港政府把今天位於跑馬地黃泥涌峽的部分土地(登記地段為288號)出租予穆斯林社群作興建墳場之用,並讓穆斯林社群自行管理墳場。

1935年的《288號地段穆斯林墳場租用替換契約》(Substitutional Deed of Appropriation of Inland Lot No, 288 for the Purpose of a Mussulman Cemetery)再次申明了穆斯林族群在該塊土地上擁有使用權及管理權,但是管理者需要負責與該塊土地相關的建築和維修費用,政府亦可隨時按需要把土地收回。除此之外,在九龍的何文田亦有一較小規模的穆斯林墳場讓居住在九龍的穆斯林使用[11]。

在殖民地建立初期,不少來自印度旁遮普地區的穆斯林軍人及警察來到香港服役,為當時的殖民地政府服務。他們和他們的後代便成為日後香港穆斯林社群的主要構成元素之一[12]。位於今

[10] Anita Weiss, "South Asian Muslims in Hong Kong: Creation of a "Local Boy" Identity", pp. 417-453; Ho Wai-yip, *Islam and China's Hong Kong: Ethnic Identity, Muslim Networks and the New Silk Road*, pp. 1-44; Caroline Plüss, "Hong Kong's Muslim Organisations: Creating and Expressing Collective Identities", pp. 19-23.

[11] Anita Weiss, "South Asian Muslims in Hong Kong: Creation of a "Local Boy" Identity", pp. 417-453; Caroline Plüss, "Hong Kong's Muslim Organisations: Creating and Expressing Collective Identities", pp. 19-23;湯開建、田映霞,〈香港伊斯蘭教的起源與發展〉,頁48-56;梁美儀、張燦輝,〈香港墳場發展史略〉,《凝視死亡:死與人間的多元省思》(香港:中文大學出版社,2005),頁214。

[12] Anita Weiss, "South Asian Muslims in Hong Kong: Creation of a "Local Boy" Identity", pp. 417-453; Tan Tai-yong, *The British Raj and its Indian Armed Forces,*

九龍公園及彌敦道一帶的威菲路軍營（Whitfield Barracks）便曾由旁遮普軍人組成的兵團駐守。為了應付官兵們的宗教需要，殖民地政府批准軍團在軍營附近興建清真寺（今九龍清真寺的前身）作為日常祈禱及進行宗教儀式的場所[13]。

從現存於九龍清真寺的記錄可見，該寺的歷史可追溯至1892年。當時來自上印度地區（包括了傑赫勒姆、斯哈赫普爾、拉瓦爾品第、哈紮爾及古傑拉特等地）的穆斯林士兵到達九龍並駐守在威菲軍營。軍方為了照顧這些士兵的宗教需要，便在軍營中興建了臨時的宗教場所予這批穆斯林軍人作禮拜之用[14]。及至1896年，由穆斯林士兵集資而興建的第一代九龍清真寺落成啟用。清真寺在1902年重修時所立的奠基石對這段歷史有著下列的記載：

THE HONG KONG REGT. BUILT THIS MOSQUE IN 1896 UNDER
THE KIND SUPERVISION OF COL. E. G. BARROW AND REPAIRED
AND PERMISSION OF MAJOR BERGER IN 1902

1857-1939, pp. 7-44.

[13] Hamidah Haroon, *Transformation of Kowloon Mosque and Islamic Centre* (Hong Kong: The University of Hong Kong,1995); Kowloon Mosque Reconstruction Fund Raising Committee, *Planning & Construction of the Kowloon Mosque & Islamic Centre Form Inception to Completion* (Hong Kong: Kowloon Mosque Reconstruction Fund Raising Committee, 2012).

[14] Hamidah Haroon, *Transformation of Kowloon Mosque and Islamic Centre*; Kowloon Mosque Reconstruction Fund Raising Committee, *Planning & Construction of the Kowloon Mosque & Islamic Centre Form Inception to Completion*; To, Kin-chung, Frank, *Mosque & Muslim Community Centre in the New Territories* (Hong Kong: The University of Hong Kong, 2000).

In the name of Allah, the Beneficent, the Merciful

Praise be to Him who is the Creator and Allah

Every person is a witness to it.

It was E. G. Barrow who authorized

The construction of this place of worship

It became a reality in 1896

Of the Christian calendar

The beautiful Masjid was constructed

Exclusively with the money from Muslim soldiers

Double M showed the way

Maulvi Gulab Shah was the Imam

It was the year 1902

Twenty second of January was the date (when)

The Hong Kong Regiment Masjid was

Renovated by Mir Asadullah

We thank Allah for the repairs and

Pray that He protects it from destruction.

　　在這奠基文中，當時的清真寺被稱為香港軍團禮拜寺（The Hong Kong Regiment Masjid），可見該清真寺最初是為在附近駐守的穆斯林軍人而特意興建的。

　　在1911年，香港政府發佈了第一份經系統性統計而得出人口普查報告（*Report on the Census of the Indian Population of Hong Kong taken on 20th May 1911*）。根據該報告的記錄，截至1911年5月20日，香港共有3049名印度人從事與政府及軍事相關的工作，當中

2581人為男性。而就這些印度裔公務及軍事人員的宗教信仰而言，當中共1438人信奉伊斯蘭，信奉印度教者則有共931人[15]（圖表2.1）。

圖表2.1　印度裔人口宗教信仰分佈（1911年5月20日）[16]

	男性	女性	總數
印度教	925	6	931
伊斯蘭教	1069	369	1438
瑣羅亞斯德教	66	16	82
錫克教	485	69	554
基督教	7	4	11
佛教	-	1	1
沒有表明信仰	29	3	32
	2581	468	3049

　　自香港開埠以來，來自印度一帶的穆斯林憑著較佳的英語能力及教育水平而獲得更多為殖民地政府服務的機會，如成為公務員和軍人。與此同時，以印度裔穆斯林為主的香港穆斯林社群開始在1910年代建立本地的穆斯林組織。

　　在1917年，港府就穆斯林墳場的使用權及管理權與本地穆斯林代表達成共識並制定了《香港清真寺信託基金總會及墳場管理人聯合規章》。該《規章》規定了清真寺應有6位信託人，他們同時也會成為穆斯林墳場的管理人。這便是今天香港歷史最悠久的穆斯林社團組織「香港回教信託基金總會」的濫觴。

---

[15]　Census Office, *Census of the Colony for 1911* (Hong Kong: Census Office, 1911).

[16]　Census Office, *Census of the Colony for 1911*.

　　在這個規章規定下，該信託組織嘗試把分屬於遜尼派及什葉派[17]的穆斯林社群聯合起來，而該組識亦擁有任命清真寺教長（伊瑪姆，Imam）的權力。需留意的是，華人穆斯林社群並沒有加入這個信託組織，亦沒有指定的代表，華人穆斯林社群在當時的社群組織是相對鬆散的。

　　雖然在開埠初期來到香港的穆斯林主要是來自印度的穆斯林，但可考的資料顯示，約自十九世紀中葉時，華人穆斯林便開始遷至香港。

　　香港成為了英國的殖民地後，實施自由港政策，使到不少來自廣東的華人穆斯林來到香港找尋新的工作和貿易機會[18]。粵港向來關係密切，來自廣東的穆斯林來港後大都投靠在香港的親戚朋友，而他們大多把香港視為一個「客居」的地方，宗教信仰和家庭活動的核心仍然在廣東。

　　當時華人穆斯林遷移到港的規模並不算大，香港第一個華人穆斯林組織──「中華回教博愛社」（下稱博愛社）[19]到了1929年才正式成立。

　　二次大戰以前，香港華人穆斯林與其他穆斯林社群之間的交流並不多，而來自南亞的印度裔穆斯林則因在政治和經濟層面上擁有較大的優勢而能主導香港穆斯林社群事務的發展。

17　遜尼派及什葉派分別是伊斯蘭的兩大教派，兩者對於伊斯蘭歷史及《古蘭經》的經義有著不同的理解及詮釋；今伊斯蘭世界以遜尼派穆斯林為主，什葉派穆斯林則較少，大體上佔穆斯林總人口的10-15%。

18　Ho Wai-yip, *Islam and China's Hong Kong: Ethnic Identity, Muslim Networks and the New Silk Road*, pp. 1-44; 湯開建、田映霞，〈香港伊斯蘭教的起源與發展〉，頁48-56。

19　中華回教博愛社，《中華回教博愛社：社址重建特刊》；中華回教博愛社，《中華回教博愛社金禧紀念特刊：1929-1979》。

第2節　二次大戰以降香港穆斯林的社群發展

二次大戰後，香港穆斯林族群的人口及社會結構有著顯著的改變。由於去殖民地化運動及民族主義的興起，印度、巴基斯坦和孟加拉等國相繼獲得獨立地位[20]，不少居於香港的南亞裔穆斯林的選擇離開並回流到南亞地區。

留在香港的南亞裔穆斯林亦開始有著印度穆斯林及巴基斯坦穆斯林之分。印巴兩國在戰後分而治之，無可避免地使到南亞裔的穆斯林社群內部出現分歧，大量印度穆斯林士兵返回印度，不少原有的社群領袖在二次大戰期間離開香港，使到南亞裔穆斯林社群在戰後陷於近乎權力真空的狀態[21]。

在另一邊廂，在二次大戰期間，不少原居於雲南、廣西及廣東一帶的華人穆斯林為逃避戰火轉輾逃難至香港定居。據記載，當時的新界地區便聚集了不少來自北方的穆斯林難民，在錦田還設有一個專為穆斯林而設的難民營[22]。

來自南亞的穆斯林與華人穆斯林在戰後的勢力開始出現了此消彼長的情況。抗日戰爭所激發出的愛國情懷亦使到華人穆斯

---

[20] 英屬印度在1947被劃分為印度和巴基斯坦兩個獨立的國家；及至1971年，東巴基斯坦進一步脫離巴基斯坦獨立並更名為孟加拉國。

[21] Caroline Plüss, "Hong Kong's Muslim Organisations: Creating and Expressing Collective Identities", pp. 19-23; Anita Weiss, "South Asian Muslims in Hong Kong: Creation of a "Local Boy" Identity", pp. 417-453; Tan Tai-yong, *The British Raj and its Indian Armed Forces, 1857-1939*, pp. 7-44.

[22] 中華回教博愛社，《中華回教博愛社：社址重建特刊》（香港：中華回教博愛社，1999）；湯開建，〈兩次戰爭時期香港穆斯林的發展與變化〉，頁57-60。

林更為內聚團結，漸漸成為了香港穆斯林族群中不可被忽視的勢力。

面對戰後紛亂的局面，本地各穆斯林團體包括了博愛社曾希望能重組信託基金組織的結構，但各社團組織礙於文化、語言及財務安排上的差異而無法達成共識[23]。及至1949年8月，由本地各穆斯林社團所組成的臨時委員會會議便議決華人穆斯林可以獲得一個信託人的席次，但這只是一個短暫而非長期的措施[24]。

在香港戰後發展的進程中，各種政治勢力的角力乃至政局的改變也影響著穆斯林社群的建立和認同。

二次大戰後，政府繼續僱用南亞裔穆斯林在軍隊、警隊和監獄中服務。這些穆斯林大部分是來自巴基斯坦，或是早期在港居住的南亞裔穆斯林的後代。他們主要為港英政府服務，與華人穆斯林社群之間並沒有密切的接觸。及至1960年代，隨著內地爆發文化大革命，政局動盪，香港也隨之爆發了1966年及1967年的兩次暴動，深刻地改變了香港的政治局勢[25]。

當時在英軍駐港部隊服役的巴基斯坦穆斯林也有參與鎮壓暴動，兩名巴基斯坦裔警察甚至在1967年7月的沙頭角槍戰中遭到來自內地的民兵攻擊[26]。自六七暴動後，香港警隊中的巴基斯坦裔穆斯林的數目不斷下降，直至1970年代，警隊的組成基本以

---

[23] Caroline Plüss, "Hong Kong's Muslim Organisations: Creating and Expressing Collective Identities", pp. 19-23.

[24] Caroline Plüss, "Hong Kong's Muslim Organisations: Creating and Expressing Collective Identities", pp. 19-23.

[25] Ho Wai-yip, *Islam and China's Hong Kong: Ethnic Identity, Muslim Networks and the New Silk Road*, pp. 1-44..

[26] 張家偉，〈沙頭角事件與真假菠蘿陣〉，《六七暴動：香港戰後歷史的分水嶺》（香港：香港大學出版社，2012），頁112。

華人警察為主。這種情況的出現與暴動後的香港政治局勢的改變有關，也是港英政府對華人要求增加政治及社會參與度的回應之一。[27]

總括而言，自1960年代開始，香港已出現了四大穆斯林族群鼎立的局面：分別是印度穆斯林、巴基斯坦穆斯林、華人穆斯林以及答烏迪・波拉穆斯林。各穆斯林社團開始重新探討重組信託基金總會的可能性。華人穆斯林曾表示願意加入重組後的新組織，但最終再因財務安排及文化語言的差異而無法成事。華人穆斯林及什葉派穆斯林相繼退出談判[28]。

自此，各穆斯林社群便發展出各自的社團代表，如華人穆斯林便主要博愛社為社群代表，「香港伊斯蘭聯會」主要代表「本地仔」（即南亞裔穆斯林與華人女子通婚所生的混血兒）的聲音；其他族裔的穆斯林社群則主要以「香港回教信託基金總會」為代表。[29]

信託基金總會在1970年被正名為「香港回教信託基金總會」並獲政府刊憲列為香港穆斯林社群的法定代表，並獲得香港各清真寺及穆斯林墳場的管理權[30]。該會也繼續從政府租借九龍清真寺及哥連臣角火葬場的土地地段。

---

[27] John M. Carroll，《香港簡史：從殖民地至特別行政區》，頁43。

[28] Caroline Plüss, "Hong Kong's Muslim Organisations: Creating and Expressing Collective Identities", pp. 19-23.

[29] Anita Weiss, "South Asian Muslims in Hong Kong: Creation of a "Local Boy" Identity", pp. 417-453; 中華回教博愛社，《中華回教博愛社金禧紀念特刊：1929-1979》。

[30] Caroline Plüss, "Hong Kong's Muslim Organisations: Creating and Expressing Collective Identities", pp. 19-23.

第3節　全球化下的香港穆斯林社群

自1970-80年代起，中英兩國開始就香港在1997年後的前途問題進行談判。中英兩國最終在1984年簽訂《中英聯合聲明》，香港的主權將回歸予中國成為了不爭的事實[31]。

華人穆斯林在香港穆斯林族群中的地位及影響力也因應中國因素而不斷增加。本地的華人穆斯林團體，例如在戰後初期重組的「香港中國回教協會」和歷史較悠久的「中華回教博愛社」與內地的穆斯林團體及主管宗教事務的官方機構自1960年代便開始有著密切的聯繫。

相對於印度以及巴基斯坦穆斯林族群，華人穆斯林與內地在血統、文化和語言上有著更深的聯繫，因而較容易成為與內地官方建立互動關係。

隨著香港回歸的日子不斷移近，兩大華人穆斯林團體與內地的官方往來也日益密切，他們最終甚至獲得了行政長官的選舉委員會的委員席次，擁有提名及投票選出行政長管的權力。相反，一直以來被視為與殖民地政府有著較深聯繫的南亞裔穆斯林社群在政治上則愈見低調。

與此同時，中文在香港的重要性也不斷地增加。與過往以英文掛帥的殖民時代有所不同，流利的中文書寫能力已成為加入政府及私人商業機構工作的必備技能。南亞裔穆斯林因語言及文化障礙，往往因中文能力不達標而無法考取本地大學學位以及加入

---

[31] John M. Carroll，《香港簡史：從殖民地至特別行政區》，頁43。

政府擔任公務員職位。語言隔膜使到很多南亞裔穆斯林青年的社會上流階梯受阻，長遠而言使到南亞裔穆斯林在本地的政治、社會及經濟勢力不斷下降[32]。

　　縱使南亞裔穆斯林的宗教意識及穆斯林身分認同感大體上比華人穆斯林社群來得高，但現實政治環境的改變使到香港的穆斯林族群之間出現新的權力動態和轉移。

　　香港作為一個國際都會，全球化對香港的影響是顯著而迅速的。全球化包括了資訊、資金、技術以及人口在全球的流動。全球化對香港穆斯林社群的構成帶來了的新元素[33]。

　　自1990年代中期，香港經濟起飛，本地對外籍家庭傭工的需求不斷增加，除了菲律賓外，印度尼西亞也開始向香港輸出家庭傭工[34]。印度尼西亞是全球穆斯林人口最多的國家，香港穆斯林社群的人口也因為印度尼西亞家庭傭工的到來而在短時間內迅速增加。由1997年約8萬人增加至2011年的22萬，根據2011年的數字，來自印度尼西亞的穆斯林人口約為12萬，約佔香港穆斯林總人口的50%。

　　來自印度尼西亞的外籍家庭傭工為香港穆斯林社群帶來了新的面貌，打破了以往本地清真寺及穆斯林社群活動以男性為主要

---

[32] Paul O'Connor, "Accepting Prejudice and Valuing Freedom: Young Muslims and Everyday Multiculturalism in Hong Kong", pp. 525-539; Paul O'Connor, "Everyday Hybridity and Hong Kong's Muslim Youth", pp. 203-225.

[33] Gordon Mathews，《世界中心的貧民窟：香港重慶大廈》（香港：紅出版青森文化，2013）。

[34] Ho Wai-yip, "The Emerging Visibility of Islam through the Powerless: Indonesian Muslim Domestic Helpers in Hong Kong" pp. 79-90; Amy Sim, "Women Versus the State: Organizing Resistance and Contesting Exploitation in Indonesian Labor Migration to Hong Kong" *Asian and Pacific Migration Journal*, 18:1 (2009), pp. 47-75.

參與者的慣例[35]。她們習慣於假日在香港不同的公共場所聚集，
如維多利亞公園以及位於灣仔的愛群道清真寺來舉行各類型的宗
教活動[36]。在每年重大的伊斯蘭節日如開齋節等，香港的印度尼
西亞穆斯林組織如「Pondok Fatimah」皆會舉行大型的會禮儀式。
例如在2013年8月9日的開齋節便有約2000名印度尼西亞穆斯林聚
集在沙田公園舉行集體會禮來慶祝齋戒月正式結束[37]。由於她們
的人口眾多，漸漸地形成一種改變本地穆斯林社群形態的力量。
現時「香港伊斯蘭聯會」已經聘請了專責的團隊來照顧這批外來
穆斯林的宗教需要[38]。

　　在全球化的浪潮下，在近十多年來，為數不少的非洲裔穆斯
林來到廣州及香港來尋找新的商業機會，他們主要來自尼日利亞
及蘇丹等國家，也有部分人是來港尋求政治庇護的，因政府審核
個案需時而長期滯留在香港[39]。由於他們的人口流動性很高，具
體的人口數目是較難掌握和統計的。與香港地理位置相近的廣州
則在近十年以來已經發展出非洲裔穆斯林聚居的社區，但這一點

---

[35] Ho Wai-yip, *Islam and China's Hong Kong: Ethnic Identity, Muslim Networks and the New Silk Road*, pp. 1-44; Will Clem, "Women's Mosque a Mixed Blessing Hong Kong's Indonesian Muslim Domestics are Hoping for a Place of Worship Free from Men", *South China Morning Post* (Hong Kong), 24th Dec 2006.

[36] Ho Wai-yip, *Islam and China's Hong Kong: Ethnic Identity, Muslim Networks and the New Silk Road*, pp. 1-44; Amy Sim, "Women Versus the State: Organizing Resistance and Contesting Exploitation in Indonesian Labor Migration to Hong Kong", pp. 47-75.

[37] 香港伊斯蘭聯會，〈沙田公園開齋節會禮〉，《香港伊斯蘭聯會會訊》（香港），2013年9月。

[38] Ho Wai-yip, *Islam and China's Hong Kong: Ethnic Identity, Muslim Networks and the New Silk Road*, pp. 1-44.

[39] Gordon Mathews，《世界中心的貧民窟：香港重慶大廈》。

在香港似乎尚未成氣候[40]。

　　由此可見，香港的穆斯林社群正日漸變得多元化。從廣義來說，全世界的穆斯林都可被為一巨大的社群（*Ummah*），在不同的國家和地域則會出現具本地特色的區域性社群，這種基於文化地域差異而形成的自身特色的過程便可算是一種「在地化」[41]。不同的社群會選擇利用不同的策略來應對社會環境的轉變，因此會衍出生不同的「在地化」歷程和結果。

---

[40] Li Anshan, "African Diaspora in China: Reality, Research and Reflection" *Journal of Pan African Studies* 7, 10(2015), pp. 10-43; Grace Ma & Adams Bodomo, "From Guangzhou to Yiwu: Emerging Facets of the African Diaspora in China" *International Journal of African Renaissance Studies - Multi- Inter- and Transdisciplinarity,* 5:2 (2010), pp. 283-289.

[41] 林長寬，《伊斯蘭在地化：中國伊斯蘭發展之探討》。

第3章
落地生根：
開埠初期來港的華人穆斯林
（廣東穆斯林）

第1節　伊斯蘭在華南的地區的傳播

　　地緣因素在香港華人穆斯林的遷移上扮演著重要的角色，華人穆斯林的遷入與內地的政治、經濟和文化因素有著密切的關係。香港與華南地區唇齒相依，兩地在人流、物流和文化層面上交往密切。華南沿岸地區尤其是在廣東廣州以及福建泉州等重要的港口城市自唐宋年間便已有穆斯林聚居，繁盛的國際海上貿易促使了穆斯林社群在當地的發展[1]。伊斯蘭文化也透過兩地密切的往來而被帶往香港。因此，欲了解華人穆斯林社群在香港的發展歷程，就需要理清伊斯蘭在華南地區傳播的脈絡。

　　伊斯蘭作為世界上其中一個最主要的宗教，在不同的地域皆呈現明顯的「在地化」現象，與各地的文化與思想哲學交流共融。這種「在地化」體現在各種不同的文化層面，例如在語言用詞上。

　　*Mosque*一詞在阿拉伯文中是指穆斯林做禮拜和進行各種宗教儀式的地點，但這詞語在華文世界裡便被意譯為「清真寺」，被視為是「寺院」的一種。這種言詞的運用便是伊斯蘭在中國出現「在地化」的例子[2]。

---

[1]　林長寬，《伊斯蘭在地化：中國伊斯蘭發展之探討》。

[2]　張國雲，〈不同文化語境下的伊斯蘭教建築──新疆清真寺與內地清真寺之比較〉，《新疆大學學報：哲學・人文社會科學版》，34:2（2006），頁91；唐建、孫毅超，〈伊斯蘭教清真寺形制的中國化漂移──以西安化覺巷清真大寺為例〉，《中外建築》，2（2010），頁46；李長敏，〈建築藝術中的回儒對話──阿拉伯－伊斯蘭文化建築藝術中國化初探〉，《昆明學院學報》，32:1（2010），頁142。

　　明清之際是伊斯蘭在古代中國「在地化」的高峰期。在這時期，穆斯林精英在接受儒家思想教育後，成為了所謂的「回儒」。他們嘗試「以儒詮經」，建立一套結合儒家道統和伊斯蘭思想的思想哲學體系，促成了伊斯蘭和儒家思想在文化和哲學層面上的融合[3]。

　　伊斯蘭在中國經歷了長時期的傳播和演變。伊斯蘭主要是透過陸上及海上絲綢之路於唐代年間傳入中國。中外貿易成為了伊斯蘭在中國傳播的主要動力，這也有助解釋伊斯蘭信仰在華南沿海地區的興起。

　　伊斯蘭源於阿拉伯世界，中國史書典籍對阿拉伯世界的紀載可追溯至《舊唐書・大食傳》，當時的書籍已經稱阿拉伯為「大食」。大食與唐朝維持相當友好的關係，在伍麥亞朝與阿巴斯當政期間，大食前後至少曾三十七次遣使來華[4]。

　　華南地區的伊斯蘭信仰發展自唐代起便日漸蓬勃。至南宋偏安期間，海上貿易成為了當朝政府的主要收入來源，亦為來自中東地區的穆斯林商人帶來了更多來華從商和定居的機會。華南沿海地區的廣州、泉州和華東地區的揚州和溫州等成為主要的國際貿易港口，也成為了伊斯蘭在中國傳播的重鎮[5]。

3　沙宗平，〈從經堂教育到漢文著書：穆斯林漢化初探〉，《伊斯蘭在地化：中國伊斯蘭發展之探討》，頁85-96；楊文炯，〈論中國伊斯蘭思想與傳統之在地化〉，《伊斯蘭在地化：中國伊斯蘭發展之探討》，頁61-84。

4　林長寬，《中國回教之發展及其運動》，頁11-44；林長寬，〈伊斯蘭東傳中國再探討：中國伊斯蘭發展之歷史背景〉，《伊斯蘭在地化：中國伊斯蘭發展之探討》，頁27-46；胡振華，《中國回教》（銀川：寧夏人民出版社，1993）；傅統先，《中國回教史》（銀川：寧夏人民出版社，2000）。

5　林長寬，《中國回教之發展及其運動》，頁11-44。

　　《廣州府志》中便曾記載：「唐開海舶，穆罕默德遣其母舅蘇白賽來中國貿易，建懷聖寺，寺內光塔高入雲霄，囷輪直上，有級可登……」。該段文字說明了自唐代開展海上國際貿易以來，廣州便成為了伊斯蘭在中國傳播發展的橋頭堡[6]。

　　唐代大食商人蘇萊曼在唐宣宗大中五年（西元851年）所撰的《蘇萊曼東遊記》便曾記述來自大食的商人最早到達廣州聚居，並且興建清真寺讓穆斯林朗誦「先賢戒訓」[7]。

　　廣州懷聖寺作為中國古老的伊斯蘭歷史遺跡之一，證明了早在唐代，廣州已有頻繁的伊斯蘭宗教活動。該清真寺建始於貞觀元年，這一點可以從元至正十年（1350年）的「重建懷聖塔寺之記」：「唐貞觀元年歲次丁亥季秋鼎建懷聖光塔寺康熙三十四年歲次乙亥仲冬重建」以及清康熙三十四年（1695年）的「重建懷聖光塔寺區」中的內容得到證實。

　　由此可見，早於唐代年間，華南地區已見活躍的伊斯蘭宗教活動在，並有一定數量的穆斯林聚居於廣州一地。這些穆斯林大多源於中東及阿拉伯地區，因國際貿易而來到中國定居[8]。

　　隨著歷史的推移，於廣州落地生根的不單只有來自中東及印度次大陸的穆斯林商人，還有來自中國各地的穆斯林。

　　唐宋以降，礙於宗教和文化傳播路線的不同，西北地區和華南沿岸地區的穆斯林的生活文化以及社群的結構也不盡相同。

6　中元秀、馬建釗、馬逢達，《廣州伊斯蘭古蹟研究》（銀川：寧夏人民出版社，1989），頁253。
7　傳統先，《中國回教史》；胡振華，《中國回教》；中元秀、馬建釗、馬逢達，《廣州伊斯蘭古蹟研究》，頁253。
8　林長寬，〈伊斯蘭東傳中國再探討：中國伊斯蘭發展之歷史背景〉，《伊斯蘭在地化：中國伊斯蘭發展之探討》，頁27-46。

　　及至明代初年，穆斯林社群的漢化過程日益活躍。明朝取代元朝而立，在明政府看來，元朝乃屬「外族政權」，明朝之建立乃代表漢人勢力和文化的復興。明政府大力推動以漢人文化為主體的思想哲學，以此作為支持皇權合法性的意識形態體系。

　　在明政府的強力推動下，國內的穆斯林社群開始習漢語、改漢姓，學習傳統的儒家經典以及被視為官方正統的理學思想，實行相當全面的「漢化」過程。這有助解釋為何在明代中葉以來，穆斯林的社會精英及知識分子嘗試把理學思想與伊斯蘭的哲學思想結合，以促進「以儒詮經」的風氣[9]。

　　這種鼓吹兩種文化體系融合的大環境成就了明末清初王岱輿、劉智、馬注等穆斯林儒家學者的崛起。馬注更在其《清真指南》中直言：「聖不同時而道同，語不同音而義同，字不同跡而理同，教不同術而認同，服不同制而心同。」文中表明伊斯蘭文化和傳統的儒家理學本質相同，理應融合為一[10]。

　　這種在哲學層面上的漢化和融合，進一步表明了伊斯蘭和穆斯林社群在明代年間踏入了「在地化」的高峰期，並漸漸融入主流漢人社會的生活中，成為了中華文化體系的一部分。

9　林長寬，〈伊斯蘭東傳中國再探討：中國伊斯蘭發展之歷史背景〉，《伊斯蘭在地化：中國伊斯蘭發展之探討》，頁27-46；李長敏，〈建築藝術中的回儒對話──阿拉伯－伊斯蘭文化建築藝術中國化初探〉，頁142；沙宗平，〈從經堂教育到漢文著書：穆斯林漢化初探〉，《伊斯蘭在地化：中國伊斯蘭發展之探討》，頁85-96；楊文炯，〈論中國伊斯蘭思想與傳統之在地化〉，《伊斯蘭在地化：中國伊斯蘭發展之探討》，頁61-84。
10　沙宗平，〈從經堂教育到漢文著書：穆斯林漢化初探〉，《伊斯蘭在地化：中國伊斯蘭發展之探討》，頁85-96；楊文炯，〈論中國伊斯蘭思想與傳統之在地化〉，《伊斯蘭在地化：中國伊斯蘭發展之探討》，頁61-84。

至於南來香港的華人穆斯林先驅早於約十九世紀末便開始自廣東一帶來港定居，少數則從西南地區經廣東來港。這些華人穆斯林家族在來港前絕大多數已在廣州一地定居繁衍多年，因廣州和香港在地理和文化層面上的緊密聯繫而來港從事貿易或找尋工作機會。

這些家族包括馬氏、羽氏以及薩氏等。這些家族自明清年間已經歷多年的漢化過程，在保持穆斯林傳統和身分的同時，亦不斷融入以漢人為主體的主流社會環境中。以下章節將進一步討論這些來自華南地區的華人穆斯林家族的源起和他們遷移到香港的歷程。

第2節　南來北往：香港「廣東穆斯林」與「北方穆斯林」之別

華人穆斯林在不同的歷史時期因應貿易、家庭和時局改變等不同的原因而從內地遷居至香港，為香港帶來了新的宗教生活方式和文化。

香港的華人穆斯林人口大致上可分為兩大社群：1. 是主要源自今廣東省「廣東穆斯林」，他們大多在香港開埠後不久便陸續遷移到港；2. 是二次大戰以後由華北及華東而來的「北方穆斯林」。

從廣東來港的「廣東穆斯林」最早於十九世紀末時便已陸續到香港定居。這些穆斯林家族大都已經世代定居於廣東地區多年，在當地發展了相當成熟的穆斯林社群生活圈。這些「廣東穆斯林」家族之間的關係密切，互有往來及通婚，來港定居後仍能保持緊密的聯繫。早期自廣東來港的穆斯林以出賣勞力為主的基

層為主。他們相對薄弱的社會和經濟地位突顯了「廣東穆斯林」在香港建立社團組織的必要性。

與「廣東穆斯林」社群相對的是來港路徑迥異的「北方穆斯林」。他們絕大多數是在二次大戰和國共內戰後來港定居的，來港前在內地便已擁有一定的社經地位。他們遷港後以從事貿易為主，當中以古玩貿易為大宗。九龍尖沙嘴一帶也因而形成一個以從事古玩業為主的「北方穆斯林」社群[11]。

另外一批南來的「北方穆斯林」則主要是從西北地區隨著民國政府南遷而到港的華人穆斯林。他們大多與民國政府關係密切，甚或在民國政府任職。礙於民國政府在內地的戰事不斷失利，而隨之南下香港。他們在商業和日常生活層面上形成與「廣東穆斯林」不同的社群「在地化」歷程，豐富了香港華人穆斯林社群的發展歷史。

雖然史載最早南來香港的華人穆斯林應是在1856-1876年的「雲南回亂」期間來港[12][13]。但在今天，我們已經很難在香港到找到這段歷史的痕跡。現確實可知的是在十九世紀末期至二十世紀初，來自廣東的華人穆斯林已經在港定居，並持續地與廣東的穆斯林社群維持密切的接觸。

---

[11] 金曼莉，〈一、虔誠的穆斯林〉及〈二、世襲的傳承與回商〉，《祿米倉金——金氏家族的穆斯林文化承傳》（香港，2013），頁11-65。

[12] 「雲南回亂」又稱「杜文秀起義」，居住於中國西南部的穆斯林基於對當時清朝民族和宗教政策的不滿而向清朝統治者發起武裝起義，致使中國西南地區陷於不穩狀態，並曾引致回族與漢族之間的血腥衝突。不少原居西南地區的穆斯林為避戰火而逃至廣東，繼而逃至香港。

[13] 湯開建、田映霞，〈香港伊斯蘭教的起源與發展〉，頁48-56; Ho Wai-yip, *Islam and China's Hong Kong: Ethnic Identity, Muslim Networks and the New Silk Road*, pp. 1-44.

　　粵港兩地華人穆斯林互有往來，交流密切。在二次大戰期間，在港的華人穆斯林亦曾救濟南來的內地穆斯林教胞。這一批約在十九世紀末開始來港的「廣東穆斯林」可算是香港華人穆斯林社群的先導者。

　　他們在1929年創立了香港第一個專為華人而設的穆斯林社團組織──「中華回教博愛社」，開始了華人穆斯林在香港建構社群意識的歷程，對後來香港華人穆斯林社群的發展帶來了深遠的影響。

　　戰後初期是華人穆斯林從內地遷移至香港的高峰期。這些來港的華人穆斯林不單單來自華南地區，部分更來自較遙遠的華北及華東地區，為香港華人穆斯林的社群的發展注入了新的元素。

　　在「文化大革命」及「改革開放」以後來港的華人穆斯林則與此前來港的華人穆斯林呈現不同的生活形態。他們來自內地不同的省分及地區，社會及經濟背景較為多元化；而在這時期來港的還包括了一些曾接受高等教育並來港擔任宗教領袖的華人穆斯林。這現象除了反映當代香港華人穆斯林社群缺乏土生土長的伊斯蘭宗教人才外，也體現了該社群所面對的「斷層」問題。這一點會在較後的章節作詳細的討論。

　　在中英兩國就香港前途問題達成協議並簽定《中英聯合聲明》（1984年）後，不少在香港土生土長的華人穆斯林選擇離開香港，移民至世界各地。這一方面把香港華人穆斯林的社群網絡向外延伸，也進一步使到了香港華人穆斯林社群文化和身份承傳的「斷層」問題變得愈來愈明顯。

　　內地展開「改革開放」後，香港華人穆斯林社群進入了另外一個人口流動頻繁的年代。來自內地的新來港華人穆斯林與早已

在香港紮根多年的華人穆斯林，出現了人口更替的情況，對未來香港華人穆斯林社群的發展帶來了新變數。

第3節　南來穆民先驅：廣東穆斯林

　　香港與廣州在地理上一衣帶水，兩地可以水路及陸路連接；文化和語言亦相近，因而成為了不少廣東穆斯林移居的首選目的地。自十九世紀末期至二十世紀初期，已有來自廣東穆斯林社群的成員陸續因不同的原因來港定居。

　　宣統元年（1909年）立碑的廣州「東營寺義學堂碑」便引證了早期香港華人穆斯林與廣州穆斯林社群的聯繫[14]。該碑旨在紀念曾為東營寺義學堂捐助財物之省港穆民。募捐活動在光緒二十六年開始（1900年）開始，當中部分捐款來自居於香港的華人穆斯林。這證明了早於1900年，華人穆斯林已在香港定居生活。他們在香港展開新生活同時，也與廣州的穆斯林社群維持密切的聯繫。

　　另外一方面，香港政府在1911年所發佈的人口統計報告對在港居住人口，包括華人的宗教信仰進行了系統性的統計。報告指出當時共有250名華人信奉伊斯蘭，當中115人為男性，而135人為女性[15]（參見圖表3.1）。

　　該報告雖然只以表列形式報告當時在港華人的宗教信仰分佈，卻已是現存官方其中一份最早有關華人穆斯林人口數據的資

---

[14]　中元秀、馬建釗、馬逢達，《廣州伊斯蘭古蹟研究》（銀川：寧夏人民出版社，1989），頁253。

[15]　Census Office, *Census of the Colony for 1911 Census of the Colony* (Hong Kong: Census Office, 1911).

料。這份資料確認了在1911年時，香港至少有250名華人穆斯林居住，核證了在十九世紀末和二十初期香港已有華人穆斯林定居的事實[16]。

圖表3.1　香港華人人口宗教分佈[17]

宗教	男性	女性	總數（人）
孔教	207,662	90,605	298,227
泛靈論者	70,442	58,816	129,258
佛教	1,210	1,754	2,964
道教	378	599	977
英國聖公會	1,482	1,810	3,292
羅馬天主教	1,115	1,551	2,666
伊斯蘭	115	135	250
沒有申明	912	327	1,239
總數	283,276	155,597	438,873

然而，上表的數據只能證明在二十世紀初期及以前，華人穆斯林已在香港定居，卻無法表述這些華人穆斯林的來源和遷移的過程。就現能掌握的各項史料而言，我們無法確實知道這250名華人穆斯林的具體家庭情況以及他們遷移至香港的詳細經過。

惟綜合口述歷史訪談所得及考慮到香港在珠三角地區的位置，筆者推論這時期的華人穆斯林應大多數源於廣東一帶，屬於「廣東穆斯林」。這推論的理據在於伊斯蘭這個宗教本已在廣州一帶落地生根多年，而香港與廣州地理上緊接相鄰，兩地交往密

---

[16]　Census Office, *Census of the Colony for 1911*.

[17]　Census Office, *Census of the Colony for 1911*.

切。自香港開埠以來，英國政府便將香港指定為「自由港」，以
便英國在遠東地區進行遠洋國際貿易。自由寬鬆的經貿環境，使
到香港中外貿易頻密，成為了二十世紀初期華南地區最重要的通
商港口之一。廣州位處珠江三角洲的下游地區，也是外商進入華
南地區入口[18]。清廷與英國在1842年簽訂的《南京條約》也確立
了廣州作為對外通商港口的地位。粵港兩地貿易之間貿易頻繁，
不少來自廣州及華南其他地區的穆斯林社群來港從事商業貿易、
當船務苦工，甚或中停香港遠赴東南亞及美洲，謀求新的工作機
會。透過對來港穆斯林家族如羽氏和薩氏歷史進行個案研習，便
可勾勒出「廣東穆斯林」來港的概況以及他們如何從廣東遷移至
香港的歷程。

　　本書第一個研習個案是廣州羽氏家族。

　　廣州羽氏自明中葉便在廣州定居繁衍，其中一個分支則在20
世紀初的1920-30年間來港定居生活[19]。從羽氏家族[20]的族譜和與
羽氏族人訪談得知，羽氏家族本身並非漢人。在明代中葉年間因
族人協助朝廷平亂有功，獲朝廷批准定居於廣東。在明代穆斯林
漢化情況普遍的歷史大環境下，羽氏家族亦開始吸納漢人文化，
化用漢姓，不少族人也加入政府工作。明政府這種「化他為我」
的策略亦被體現在羽氏家族的歷史中。

　　羽氏之太祖為「羽士夫」，明中葉成化元年（1465年）隨
南京都督同趙輔和右僉都御史韓雍南來到廣東平定「大籐峽民

---

[18] John M. Carroll，《香港簡史：從殖民地至特別行政區》，頁43。

[19] 羽氏,《羽承烈堂族譜》（香港，2010），2010年第二次修譜版本；羽智
雲先生口述，訪談者霍揚揚，2014年2月27日。

[20] 羽姓之來源是其始祖經名「Yusuf」其阿拉伯名的讀音的譯音，故據其讀
音改漢姓為「羽」。

變」[21]。據《明史紀事本末》（卷39）記載：「憲宗成化元年春
正月，兩廣蠻寇亂，以都督同知趙輔為征蠻將軍，都督僉事和勇
為游擊將軍，擢浙江左參政韓雍右僉都御史，贊理軍務，率兵討
之。太監盧康、陳宣為監軍，戶部尚書薛遠督餉，御史劉慶、汪
霖紀功。」意指在明成化元年間（1465年），明廷指派以趙輔及
韓雍等人為首的平亂部隊，征伐當時在兩廣地區由瑤族及侗族等
少數民族所策動的武裝叛亂[22]。

在成功平定叛亂後，為了進一步穩定兩廣地區的穩定及作為
對立功將領的獎賞，朝廷便封羽士夫為指揮使並容許其族人世代
在廣州留守和居住。

因指揮使之將位可被世襲，羽氏一族自此便留在廣州居住，
世代繁衍，落地生根。「羽鳳麒撒之浮馬承祖墓碑」以及「明都
督同知羽公鳳麒墓碑文」也記載了上述事蹟。

羽氏家族一直鎮守廣州，及至明末崇禎年間，羽鳳麒任都指
揮使，後再被加授都督同知[23]。

南明永曆四年或清順治七年（1650年），清軍攻抵廣州，羽
鳳麒堅守廣州城正南門，最終自殺殉職。清軍攻入廣州後，展開
大屠殺，史稱「庚寅之劫」。羽鳳麒與同期鎮守廣州的穆斯林將

---

[21] Chu Hung-lam, "Qiu Jun and the Big Rattan Gorge Campaign of 1465" *Journal of
   Chinese Studies*, 47(2007), p. 134; 谷應泰，《明史紀事本末：80卷》（上
   海：上海古籍出版社，1987）。

[22] 谷應泰，《明史紀事本末：80卷》；Chu Hung-lam, "Qiu Jun and the Big
   Rattan Gorge Campaign of 1465", p. 134.

[23] 羽氏，《羽承烈堂族譜》；中元秀、馬建釗、馬逢達，《廣州伊斯蘭古
   蹟研究》（銀川：寧夏人民出版社，1989），頁253；廣州市伊斯蘭教協
   會文史資料研究組，《廣州市回族、伊斯蘭教文史資料選輯》（廣州：
   廣州市伊斯蘭教協會，1985）。

領撒之浮及馬承祖合稱為「回族三忠」。「回教三忠墓」為三個衣冠塚，今仍屹立於廣州市清真先賢古墓旁邊[24]。

羽氏一族自在明中葉以前已經遷至南京定居，後因軍事派遣再遷至廣州。自明成化元年（1465年）至今，在廣州共定居約五百多年[25]。羽氏家族本非漢人，惟經多年漢化，為朝廷建功立業，已為明代主流社會所吸納。可見當時不論穆斯林知識分子還是武將都受到漢化的影響，效忠以漢人為主流的明代政權，反映明代「化他為我」的策略頗具成效。

羽氏家族自一世羽鳳麒算起至2011年止共有十四傳，今仍居於香港的族人則屬於第十至十四傳，包括口述歷史訪問受訪者羽智雲（本名偉揚）[26]（屬第十一傳）。從族譜資料及口述歷史資料推斷，羽氏家族的分支最早應在第九傳時便開始遷移至香港。從第九傳至今第十四傳，共有六傳的族人在香港生活繁衍。

下文以口述歷史受訪者羽智雲（偉揚）為核心，討論羽氏家族遷移至香港的經歷。圖表3.2的「羽氏局部簡化世系圖」反映了羽智雲（偉揚）所屬家族支系從第八傳至第十一傳的世系圖。

從圖中可見，文揚、振揚與偉揚屬同輩兄弟，同被列為第十一傳，向上追溯為第十傳的昶威，即為三位兄弟的父親，然後是第九傳的祖父崇壽以及第八傳的曾祖父啟琮[27]。

---

[24] 廣州市伊斯蘭教協會文史資料研究組，《廣州市回族、伊斯蘭教文史資料選輯》；羽氏，羽承烈堂族譜（2010年第二次修譜版本）（香港，2010）。

[25] 羽氏，《羽承烈堂族譜》。

[26] 羽智雲1951年於香港出生，為前伊斯蘭脫維善紀念中學的校長。

[27] 羽氏，《羽承烈堂族譜》；羽智雲先生口述，訪談者霍揚揚，2014年2月27日。

圖表3.2　羽氏局部簡化後世系圖

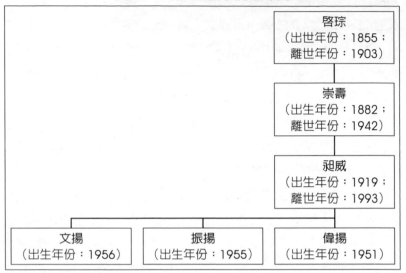

圖表3.3　部分羽氏族人身故年份及下葬地點[28]

人名	出生年份	身故年份	下葬地點
啓琮（第八傳）	1855	1903	不詳
崇壽第（九傳）	1882	1942	香港跑馬地回教墳場（3877號）
昶威（第十傳）	1919	1993	香港跑馬地回教墳場

　　從圖表3.3則可見，第九世的崇壽1942年於香港去世並葬於香港回教墳場；與其同屬第九世的的崇耀和崇亮皆在1940-41年期間去世並葬於香港。

　　《古蘭經》第20章第55節提及到：「我從泥土創造你們，也讓你們回歸塵土，爾後再你們從中提出。」當中的「我」指的

28　羽氏，《羽承烈堂族譜》。

是真主，真主以泥土創造了人類，那麼人類最終亦應該重返泥土；因此，穆斯林在去世後應採取土葬，且應該在死後三天內下葬[29]。

因此，穆斯林去世後所下葬之地一般都離他們去世的地點不遠。同屬同一世的家族成員皆在香港生活、離世及下葬，筆者推斷早在二十世紀初期，羽氏便已有族人在香港定居。

除此之外，第十世的昶威與妻子馬琬鳳在二次大戰以前已經在香港認識及居住，而馬琬鳳本人為馬耀禧之長女，是華人阿訇[30]馬達五[31]的姪女。這也證實了在戰前已有華人穆斯林在香港定居，並建立了具一定規模的社群網絡。

羽氏是廣東華人穆斯林來港的其中一個家族，同樣來自廣州的薩氏家族是證明華人穆斯林早於二十世紀初已經到香港定居的另外一例。

據《薩氏宗譜》所載，薩氏之歷史最早可上溯至唐代自西域進入中原地區定居之「回回」人，後來各個分支遷移到中原各地定居。經歷多年的漢化過程後，除存有「薩」姓外，還存有「撒」姓，再者讀音相近，同出一源，惟分屬不同分支。

---

[29] 國立臺灣博物館、臺灣伊斯蘭研究學會，《伊斯蘭：文化與生活》，頁78-115。

[30] 「阿訇」是對伊斯蘭及《古蘭經》有著深刻認識的學者，是音譯至古老的波斯文詞語，在今日的華人穆斯林社群中，這個詞語更多是指德高望重並對伊斯蘭具深入了解的宗教領袖，在社群具擔當領導角色，並為穆斯林解答及處理與宗教相關的問題。

[31] 馬達五阿訇原籍廣西，他對伊斯蘭信仰具有深厚的認識，他同時是一名中醫。他在1929年來港定居，為當時在港的華人穆斯林提供義診服務，他亦在港參與華人穆斯林刊物《穆士林》的創刊工作。在1960-69年期間，他亦曾在九龍清真寺擔任教長，顯示華人穆斯林在香港的穆斯林社群曾具有一定的影響力。

　　「薩」及「撒」二姓應是為回應漢化潮流及融入漢人主流社會而所化用的漢姓，筆者推論應為源於以阿拉伯文發音的譯名。

　　在薩氏遷移的過程中，遇上多次戰亂，族譜曾有所散失，後在光緒年間開始重修族譜。族譜在民國年間、二次大戰後及1980年代皆被重修，是今現存香港廣東華人穆斯林家族較為完整的族譜紀錄之一。

　　綜合族譜和口述歷史訪問的紀錄[32]，在港定居的薩氏家族最早應源於山東地區。清康熙年間，部分家族分支開始遷入廣西及廣東地區居住。第一世祖[33]「文盛」與其長子被清廷派遣至廣東肇慶任督標右營。該族族人自此在廣東肇慶一帶定居，及至清同治四年（1865年）則由肇慶遷至廣州城居住。

　　從薩氏族譜的資料可見，薩氏與香港關係密切。自二十世紀初始便開始遷入香港定居生活。

　　圖表3.4顯示了薩氏家族自二十世紀初期至二次大戰戰後族人在香港的墓葬紀錄。

　　從圖表中可見最早有記錄於香港下葬的族人是在1919年5月下葬的穆氏，穆氏為薩氏二房第五傳景祥的配室。在1920年代則有五位族人在港下葬，從二房到五房皆有族人在香港去世並被下葬在香港跑馬地回教墳場[34]。在1919年至1948年期間，在香港身故

---

[32] 兩廣清真薩氏宗族聯誼會，《兩廣薩氏宗譜》（香港：兩廣清真薩氏宗族聯誼會，1938）；薩氏南城房七傳及八傳族人，《薩氏宗譜》（香港：薩氏南城房七傳及八傳族人，1980）。

[33] 此薩氏自稱為「兩廣薩姓」，今家族史料可考之祖先上溯至清初的「文」字輩，被列為該族的「第一世」，而從此世開始，薩姓亦進入兩廣地區生活繁衍，並以居於廣東肇慶的分支為主要組成部分。

[34] 香港第一個專為穆斯林而設的墳場位於跑馬地。

並被下葬的薩氏族人共有27人。這可確認薩氏自1910年代開始便開始在香港活動及定居，並且持續地有族人從廣州來香港定居。

　　這一點與羽氏的個案是相似的。自十九世紀初期，香港的華人穆斯林社群開始成形，不同的穆斯林家族皆有成員從廣東遷至香港定居。他們為早期廣東穆斯林在香港建立社群網絡提供了重要的人脈基礎。他們來港定居後，仍然與廣州的華人穆斯林社群保持著非常密切的聯繫。除了羽氏和薩氏以外，馬氏則是另外一個仍有族譜記錄存世的廣東穆斯林家族。

圖表3.4　薩氏族人自1910年代至1940年在香港下葬記錄[35]

房次	名字	去世時年齡	墳場段數	墳號	下葬日期	
二房五傳景祥配室	穆氏	25	第3段	2164	5/5/1919	1910年代
二房四傳顯材次子	景雲	48	第6段	2395	4/10/1922	1920年代
五房六傳進斌之女	四姑	23	第7段	2404	9/11/1922	
五房六傳明貴配室	哈氏	23	第7段	1835	6/12/1923	
四房七傳兆鵬未婚妻	楊九姑	30	第4段	2564	15/4/1925	
五房四傳顯吉次子	明運	52	第2段	1099	23/8/1927	
五房四傳顯吉長子	明貴	58	第7段	2929	20/9/1931	1930年代
五房四傳永祥長子	兆富	25	第7段	3012	10/10/1931	
五房四傳顯吉之女	薩鑽	84	第7段	2951	12/1/1932	
五房六傳進魁配室	吳氏	52	第1段	3176	17/5/1935	
二房五傳景昭配室	李氏	48	第13段	3278	28/11/1936	
四房八傳汝蘋配室	餘氏	22	第14段	3483	12/7/1939	
四房七傳兆康配室	楊氏	59	第13段	3487	14/7/1939	

[35] 兩廣清真薩氏宗族聯誼會，《兩廣薩氏宗譜》。

房次	名字	去世時年齡	墳場段數	墳號	下葬日期	
四房七傳兆榮之子	汝蘋	42	第14段	3488	17/7/1939	1930年代
四房六傳德華次女	兆康	63	第6段	3507	9/9/1939	
五房六傳振江配室	蔣氏	83	第1段	3508	18/9/1939	
四房七傳兆康之子	汝勤	39	第14段	3594	16/8/1940	1940年代
二房六傳義經長子	兆謙	29	第14段	3624	22/10/1940	
二房五傳景雲配室	張氏	52	第14段	3702	14/5/1941	
五房六傳進修長子	兆麟	32	第14段	3708	11/9/1941	
五房六傳進來繼室	馬氏	66	第2段	3785	9/2/1942	
五房六傳進華之女	秀芝	36	第5段	3827	17/3/1942	
五房六傳進華之女	惠芝	30	第4段	3881	10/5/1942	
五房六傳進斌配室	鎖氏	73	第1段	4220	12/9/1945	
五房七傳兆麟配室	陳四妹	39	第15段	4320	19/5/1948	
二房五傳景昭之女	月卿	58	第8段	4325	24/8/1948	
四房七傳兆康之女	薩妹	52	第1段	4328	12/9/1948	

　　廣州馬氏自廣州遷至香港，現任香港伊斯蘭聯會宣教委員會主席的馬蓬偉先生的家族便屬於這個家族。從他所提供的族譜和歷史口述訪問資料所得，馬氏與上文提及的羽氏和薩氏家族的經歷也是頗為相似。

　　族譜資料可見馬氏早已在廣東地區定居多年，其家族歷史可追溯至第一世攀鳳。族譜中記載：「……始祖攀鳳瀋陽人也，派衍扶風支號証誼自前清世祖章皇帝定鼎之初籍京師漢軍鑲黃旗充當禁旅軍。康熙二十年奉撥駐防廣州由甲兵隨征排猺，綏靖十一寇……」[36]。

---

[36] 馬氏，《馬氏族譜》（廣州，1914）。

　　第一世攀鳳生於清初順治十年（1653年），本為瀋陽人，最初只為禁軍一員，屬京師漢軍鑲黃旗。及至康熙二十年（1681年）時，奉命前往廣州平定由排猺[37]發動之亂事且平亂有功，被清廷派遣並長駐廣東地區。在雍正初年，攀鳳被擢升為漢軍鑲黃旗協領，並可世襲將位，家族自此長居於廣州[38]。

　　自第一世攀鳳被派駐在廣州算起，馬氏在廣州共定居繁衍了二百多年。辛亥革命後，民國政府建立，八旗制度及相關特權被取消，馬氏一族亦失去了世襲的地位和特權。民國以降，國內局勢動盪，族人開始四處遷移流散，鄰近廣東的香港也成為了其中一個遷移的目的地。

　　參考圖表3.5，可見馬氏來港應始於第九世，第九世殿雄生於光緒三十四年（1908年），十二歲時即1920年時便遭「賣豬仔」[39]到香港，後來在香港不知所終，這是馬氏遷移香港居住的最早記錄。至於與殿雄屬同一世的殿成（馬蓬偉先生的父親）及殿雄後來也來到香港定居，最終都在香港去世並被安葬。據馬蓬偉先生所述，其長兄馬逢慶在1937年於香港出生，由此推斷其父母在1937年以前已經來到香港定居[40]。

---

[37]　「猺」在這裡應該是指長居於兩廣山區的少數民族，即今日所稱的「瑤」族，清朝有多次武力征討所謂「山猺」的行動紀錄，歷來有不少武將被派往當地平亂鎮守。

[38]　馬氏，《馬氏族譜》。

[39]　「賣豬仔」即華工貿易在十九世紀末至二十世紀初流行於中國華南地區，不少鄉民被誘騙至東南亞甚至美洲當苦工後，生活艱苦，遭受系統性剝削，不少華工客死異鄉。

[40]　馬氏，《馬氏族譜》；馬蓬偉先生口述，訪談者霍揚揚，2014年3月16日。

圖表3.5　馬氏局部世系圖

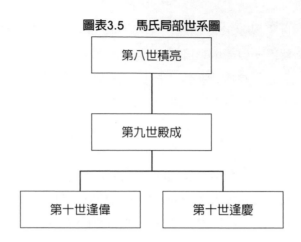

上述三個家族的個案研究證明了在二十世紀初，愈來愈多來自廣東一帶的華人穆斯林開始遷移往香港居住。由以往零星來港從商打工，慢慢地演變成家族式遷移，遷移活動在1920至1930年代更見活躍。

這三個家族的祖先皆來自華北及華東地區，但在明清時期因協助當朝朝廷平定兩廣邊境地區的亂事有功，而被長期派駐至廣東並在當地定居繁衍多年。

他們一方面維持了伊斯蘭的宗教傳統，例如有關喪葬方面的禮儀習俗和日常生活中實踐伊斯蘭的宗教規範；但在另外一方面則加入政府建制，順從主流的政治意識形態。

這些華人穆斯林大族亦一如很多漢人的大家世族一樣，重視家族的世系傳承，編寫族譜，重視族人在政治和軍事上的成就。例如在《羽氏族譜》中便有不少篇幅提及其祖先如何協助明政府平定華南地區的亂事，或記載族人曾成功考取功名及擔任地方政府重要職位的事蹟，可見其對家族榮譽的重視。

　　凡此種種可見這些華人穆斯林家族已經歷了相當全面的漢化過程。他們在嘗試在維持伊斯蘭宗教信仰的同時，在文化和意識形態層面上也融入傳統儒家道統中。

第4章

戰前廣東穆斯林
在香港的「在地化」

第1節　「在地化」與廣東穆斯林的來港路徑

　　上文所提及的華人穆斯林家族個案勾勒出廣東穆斯林遷移香港定居的典型路徑。及至民國初年，內地政治局勢動盪且變化迅速，促使他們向外找尋新的生存空間。他們改變了生存的策略，部分家族分支開始南遷至香港生活，成為了廣東穆斯林家族遷移至香港的典型模式。他們來到香港後，漸漸在香港建立起屬於這批廣東穆斯林的文化和生活網絡，展開了「在地化」的過程。

　　伊斯蘭的宗教意識使到不同家族背景的穆斯林能夠在同一地方建立起新的穆斯林社群，並且在文化意識和生活上日漸出現同質性。這一點可以體現在清代廣州城各大清真寺的建成、定期遊墳活動的舉行、慈善組織的建立以及經堂教育的推廣等各項由當地穆斯林社群自發的行為和活動[1]。

　　及至民國初年，部分廣東穆斯林社群的成員南遷至香港。雖然香港與廣東文化相近，語言相通，惟畢竟自1842年起香港便成為英國的殖民地，社會結構和文化環境與廣東不盡相同；且由清末以來，內地政局動盪，反觀香港在英國治下政局相對穩定，國際貿易繁盛，帶來了更多的貿易和工作機會，為廣東穆斯林來港定居提供了誘因。

　　廣東穆斯林來港後，初時人口並不多，勢力薄弱。後來來港人數漸多，部分在港生活的廣東穆斯林領袖開始建立屬於香港華

---

[1]　馬強，《民國時期廣州穆斯林報刊資料輯錄：1928-1949》。

人穆斯林的組織和社群網絡，開展了香港華人穆斯林社群在香港的「在地化」的過程。

從廣東來到香港，面對不同的社會和經濟局面，來港的華人穆斯林社群不但需要學習在香港的維生之道，還需要在新的環境下堅持對伊斯蘭信仰的信念，並維持自己作為一個穆斯林的身份認同。這涉及在港的華人穆斯林社群如何重新建構屬於自己的社群組織，透過這些組織來累積社群的社會資本，協助華人穆斯林社群在香港社會中尋找自己的定位。

在二十世紀初期至二次大戰以前，香港華人穆斯林社群的組成以來自廣東的穆斯林為主，這使到他們與廣東的穆斯林社群往來極為密切，兩地社群之間難以切割。

粵港兩地的華人穆斯林唇齒相依，而居港的廣東穆斯林社群也經常從廣東穆斯林社群獲取各項資源，以便在港推行各種慈善及宣教的工作。因此，在香港華人穆斯林社群的「在地化」初期，廣東穆斯林社群的影響是顯著而重要的，這個情況直至二次大戰後才有所改變[2]。

第2節　「在地化」之肇始：「中華回教博愛社」

清末內地局勢動盪，清朝在1911年的辛亥革命中倒台，中華民國繼而成立。多變的政治局勢促使了愈來愈多的華人穆斯林從廣東南來香港。雖然如此，在港居住的華人穆斯林的數量仍然不多，是本地穆斯林中的少數，他們在香港也沒有專屬的伊斯

2　Caroline Plüss, "Hong Kong's Muslim Organisations: Creating and Expressing Collective Identities", pp. 19-23.

蘭宗教場所。在港的華人穆斯林需與其他南亞裔的穆斯林共用
清真寺空間，例如香港第一個清真寺-些利街清真寺（又稱「大
廟」）。

　　華人穆斯林之間亦缺乏協助和溝通機制，難以有效協助來港
的華人穆斯林盡快適應香港的生活。有見及此，部分在港的華人
穆斯林便提出建立屬於自己的社團組織，即香港第一個華人穆斯
林組織-「中華回教博愛社」[3]。

　　有關建立博愛社的背景，在《香港回教博愛社之計劃與進
行》中記載道：「……香港位處南中，民國紀元前，我教人士居
此者尚少。迄反正後，兵戈水並，生活日堅，內地教友，乃多出
外就食，群遷此地。初時聚禮各事，均集印人所建之"摩囉廟"。
廟遠而高，步陟為勞，且徒費多時，妨礙工作，同人乃集議暫貸
民居，以便教友每日五番之舉，此本社創辦成立之始基……」[4]
此文表明了博愛社創立的背景及目的，描述了華人穆斯林在二十
世紀初期基於中國內地政局動盪而來港的經歷[5]。文中的「摩囉
廟」是指位於中區半山亦被稱為「大廟」的些利街清真寺，而
「五番之舉」是指穆斯林每天應進行的五次禮拜，亦被稱為「五
番拜」[6]。《香港回教博愛社之計劃與進行》亦點出博愛社的三
個主要工作計劃及內容：1.創辦義學2.招待各地經香港前往朝觀

---

[3]　中華回教博愛社，《中華回教博愛社：社址重建特刊》；中華回教博愛
　　　社，《中華回教博愛社金禧紀念特刊：1929-1979》。

[4]　中華回教博愛社，〈香港回教博愛社之計劃與進行〉，《天方學理月
　　　刊》（香港），1933年2月。

[5]　馬強，《民國時期廣州穆斯林報刊資料輯錄：1928-1949》；馬強，《民
　　　國時期粵港回族社會史料輯錄》。

[6]　國立臺灣博物館、臺灣伊斯蘭研究學會，《伊斯蘭：文化與生活》，頁
　　　78-115。

者，並為他們提供聯絡服務3.在香港設立小規模的工廠，希望能為教友在香港提供就業機會[7]。

在這歷史及社會背景推動下，馬瑞祺、鎖春成、金逸卿阿訇、馬敬之、楊一飛等在港居住的華人穆斯林倡議成立博愛社，該社草創於1918年[8]。

今最早可考的博愛社文獻資料可追溯至1925年4月的《香港「中華回教博愛社」啟事》。該《啟事》公佈了在當年2月舉行的第九期董事員選舉的結果及各董事員所負責之分部列表。在1925年2月進行的選舉中共有30位董事被選出，當中10人獲委任其他職位，分掌不同的事務[9]。

博愛社社務發展速度相當迅速，1930年的《回教博愛社社務報告》中便可見到當時博愛社的組織架構已擴大至11個部門，分別是德育、智育、體育、文書、學務、交際、調查、財政、宣傳、核數及青年部，涵蓋了不同的工作範疇，證明博愛社的社務發展日漸成熟，漸見規模[10]。博愛社也在1930年9月進行了一次有關在港居住的華人穆斯林人口調查。[11]調查範圍包括了港島和九龍兩岸，歷時共兩星期，調查結果在1930年9月公佈。根據結果（參閱圖表4.1），當年香港島及九龍共有433名華人穆斯林居

---

[7] 馬強，《民國時期粵港回族社會史料輯錄》；馬強，《民國時期廣州穆斯林報刊資料輯錄：1928-1949》；中華回教博愛社，〈香港回教博愛社之計劃與進行〉。

[8] 中華回教博愛社，《中華回教博愛社金禧紀念特刊：1929-1979》。

[9] 中華回教博愛社，〈香港「中華回教博愛社」啟事〉，《穆聲報》（北平），1925年4月24日，總第16號。

[10] 馬強，《民國時期粵港回族社會史料輯錄》；中華回教博愛社，〈回教博愛社社務報告〉，《穆士林》（香港），1930年第2刊。

[11] 馬強，《民國時期粵港回族社會史料輯錄》。

住，當中男女比例尚算平均，男為221人，女為207人，而非成年人則共有175人[12]。

圖表4.1　博愛社在1930年所作的華人穆斯林人口統計結果[13]

成年人		未成年人		合共		總數（人）
男	女	男	女	男	女	433
140	118	83	92	221	207	

　　在1930年代，從廣東南來的華人穆斯林大多聚居在香港島的灣仔區，特別是今天陳東里和灣仔道一帶。結合博愛社義務秘書長楊義護的口述資料及歷史文獻所得，博愛社為了方便居住在灣仔一帶的教友以及礙於資金所限，最初的社址設於今灣仔寶靈頓道附的一座樓宇中。該會址的規模並不大，並且只是一個臨時會址，但仍為在港的華人穆斯林提供一個專屬的宗教活動空間，而無需再前往半山上的些利街清真寺參與禮拜。

　　博愛社的另外一個很重要的工作範疇便是為香港的華人穆斯林提供免費的伊斯蘭教育[14]。

　　教育對社群的「在地化」的過程有著重要的影響及作用。學校和課程本身作為關鍵的「社教化」（Socialization）工具，不但向學生提供實際的學術知識，更重要的是向學生灌輸各種意識形態以及培養他們的生活形式。

---

[12]　中華回教博愛社，〈本港穆僑調查之經過及統計〉，《穆士林》（香港），1930年第1刊。

[13]　中華回教博愛社，〈本港穆僑調查之經過及統計〉。

[14]　中華回教博愛社，《中華回教博愛社金禧紀念特刊：1929-1979》。

　　所謂意識形態和生活形式可被合併為一種「慣習」的概念，
教育的目的就是為了把「慣習」承傳給下一代，建構社群的認知
和社群成員身分的認同，這乃是宗教承傳的基石[15]。

　　對於居住在香港的華人穆斯林而言，他們屬於香港社會中多
數中的少數。雖然他們是華人，但他們的宗教信仰在主流的華人
社會中並不流行。在1910-20年代的香港，政府在教育事務上尚
未扮演積極的角色，而非官方辦學則主要由基督教或天主教教會
學校所壟斷。因此，無任何教育機構能為華人穆斯林的小童及青
少年提供系統性的伊斯蘭教育，尤其是有關於解讀《古蘭經》經
文方面的訓練。

　　在伊斯蘭信仰中，《古蘭經》作為宗教經典以及伊斯蘭律法
的來源，正確及完整理解《古蘭經》的經文及當中的意義對於每
一個穆斯林而言是非常重要的。

　　針對穆斯林的教育可追溯至中世紀阿拉伯世界在清真寺中所
進行的「麥德萊賽」（Madrasah）教育，這詞語的意思是指「宗
教學校」，是專門針對《古蘭經》以及伊斯蘭教義所設的教育形
式[16]。在中國伊斯蘭的語言框架下，這種教育形式則被稱為「經
堂教育」，是指一種以清真寺為場地所推行的伊斯蘭教育。

　　對於當時香港的華人穆斯林社群而言，推行這種「經堂教
育」以傳授伊斯蘭和經文知識是困難的。一來香港當時仍沒有專

---

[15] Michael Grenfell, "Part 2 Critical Exposition of Bourdieu's Educational Thought" in *Pierre Bourdieu: Education and Training* (London: Continuum, 2007); Pierre Bourdieu, "Reproduction in Education, Society and Culture" in *Reproduction in Education, Society and Culture* (London: SAGE, 1990), pp. 71-141.

[16] 沙宗平，〈從經堂教育到漢文著書：穆斯林漢化初探〉，《伊斯蘭在地化：中國伊斯蘭發展之探討》，頁85-96。

門屬於華人穆斯林的宗教場所；二來是當時香港也缺乏通曉伊斯
蘭文化的授業老師；三來是以當時的社會經濟狀況以言，在港居
住的華人穆斯林大都是處於社會基層，並無額外資源讓他們的子
女接受正式的學校教育。

在這種社會、經濟和文化背景下，博愛社在經過約10年的籌
辦及資金募集後，在1929年成立了香港首個主要為華人穆斯林服
務的義學。該會以籌得的善款購入灣仔陳東里七號的作為會址
和辦學的地點。位於陳東里七號的會址自此成為了博愛社的永久
會址。

據1929年5月《天方學理月刊》第八期紀載：「香港中華回
教博愛社，自成立以來，十載以還，對於宗教建設，成績卓著，
惟向無確足社址，社員咸感不便。前數年倡議購地建築後以籌款
有助，遂購得下環灣仔道陳東里七號屋一間作為永遠社址，詳情
已載前報。該社自購得新址後，當即興工修理，將上層改做禮拜
殿，下層為義學課堂及辦事處。……」[17]該社成為了專屬本地華
人穆斯林的宗教空間，讓華人穆斯林社群做禮拜和進行各樣的宗
教活動；同時也為義學提供教學空間，該義學也成為了香港伊斯
蘭教育之濫殤[18]。

該義學以華人穆斯林子女為主要的服務對象，第一任校長是
博愛社其中一位的創辦人：楊一飛。博愛社義學的教學方式與理
念與傳統的「經堂教育」不盡相同。

---

[17] 中華回教博愛社，〈香港中華回教博愛社開幕〉，《天方學理月刊》
（廣州），1929年第8期。

[18] 馬強，《民國時期粵港回族社會史料輯錄》；中華回教博愛社，《中華
回教博愛社金禧紀念特刊：1929-1979》。

在1931年9月刊於《穆士林》第7期的由博愛社義學學務處所撰的《致各生家長們的幾句話》中表明道「……需知本校是我們教裡頭的學校，比別的學校不同，除了應習的各科之外，對於教理及教義相有關的各種事情，還教諸生研究，使他們異日出來社會，能把我們的教義發揮，庶不負真主造我們的目的。……」。從中可見義學的教育理念是把現代知識與伊斯蘭知識的結合[19]。在1931年6月刊於《穆士林》六月號，由時任校長李重義所撰的《中華回教博愛社義學校務報告》中開宗明義指出該校以「提倡固有舊道德，適應現代新生活」作為學校的教育宗旨。這種「教育即生活」的觀念則源於美國教育哲學家約翰‧杜威（John Dewey）之理論。

與此同時，從該報告所詳列的課程標準可見（參考圖表4.2），當時義學的教育不單單重視伊斯蘭的經義和德育培訓，也非常重視現代知識的傳授，例如中文、數學、歷史、地理、公民、常識、衛生、體育、音樂以及手工等不同的現代學科範圍。義學期望學生在學習聖訓道理及經義的同時，也能夠從中「適應現代新生活之趨勢」[20]。

義學的科目編排具有相當重要的象徵意義，代表來港華人穆斯林社群對穆斯林文化教育和傳承的重視。他們期望在香港建立屬於自己的宗教生活空間的同時，也能協助他們的下一代以穆斯林的身分融入香港主流社會的生活當中。

---

[19] 中華回教博愛社義學校教務處，〈致各生家長們的幾句話〉，《穆士林》（香港），1931年第7期。

[20] 馬強，《民國時期粵港回族社會史料輯錄》；中華回教博愛社，〈中華回教博愛社義學校務報告〉，《穆士林》（香港），1932年第11期。

　　在1929年至1932年間，博愛社義學礙於資金及地方所限，仍只設有小學部，學額為50人，學費全免，每位學生收取堂費五角。及至1936年，薩兆經接任為學校的校長[21]並改革學校行政架構。學校設立獎學金委員會，向學生頒發獎學金，並繼續對外募捐善款來建立中學部。學校在同年訂立校歌——《博愛社義校校歌》：「博愛社義校兮，為教國育才。獨認一真主兮，學做人之道；追穆聖遺風兮，教化應日昌！務盡爾所能兮，興教浩氣剛！愛國與愛世兮，後起毋相忘！我穆民學子兮，惟斯校之光。」

　　從歌詞中可見義學強調「愛國」與「興教」兩個元素，認為義學不但協助學生融入香港生活，還需興教愛國，為國儲才[22]。事實上，這個時期的在港華人穆斯林與內地廣東的華人穆斯林社群之間關係密不可分。

　　就義學及社址擴建一事，博愛社也曾向廣東穆斯林社群募捐。例如在1933年廣州《天方學理月刊》中刊發的《香港回教博愛社勸捐小引》中，博愛社向廣東的教友進行募捐，希望能為義學籌集足夠的經費，以便將學校的教育推展至中學部。隨著抗日戰爭爆發，募捐一事便因戰火而全面停滯。

　　1941年，日軍攻陷香港，博愛社義學亦告停辦。直至1945年3月才復課，惟復課時只設小學部一、二、三、四年級新生各一班。二次大戰期間，香港華人穆斯林社群的發展則進入了新的階段，更多來自內地不同省分和地區的華人穆斯林來到香港，為社群注入了新元素。

21　薩兆經為上文提及的兩廣薩氏之族人，1904年生，卒於1945年。

22　芬作，〈博愛社義校校歌〉，《清真教刊創刊號》（香港），1936年11月15日。

博愛社義學校作為香港第一間伊斯蘭小學,以結合現代知識和伊斯蘭教義作為己任,期望學生能夠在適應香港社會的現代生活的同時,也能學習有關伊斯蘭的宗教知識,確立自己作為一個穆斯林的身分認同。

可見香港華人穆斯林社群的領袖在社群建立初期已經非常重視教育,確立了教育對於社群建立及延續的重要性。對於年輕的穆斯林而言,能夠在學校中學習伊斯蘭的禮拜儀式以及經文的內容是非常重要的。他們可學懂如何正確進行禮拜及其他各項儀式,協助他們了解和認同儀式背後所象徵的文化和宗教意義。這些儀式和經文的知識都是整個宗教意識形態系統的重要組成部分,是建立持久的宗教身分認同不可或缺的元素。

除此之外,義學校的教育也很重視「愛國」的概念。從其校歌和課程編排中可見到「愛國」的元素在義學校的教育中佔了相當大的比例。博愛社義學校主要是由廣東來港的華人穆斯林所籌建的,而來自廣東及其他省分的穆斯林也有對義學的籌建作出了不同程度的捐獻。當時香港華人穆斯林社群與內地之間有著非常緊密的聯繫。筆者認為當中的聯繫是可分為三個層次的:1. 家族血緣層次;2. 宗教信仰層次和3. 國家民族層次上的聯繫。

總結而言,在香港的華人穆斯林社群早已展開了「在地化」的過程,在香港建立了屬於他們的社群。筆者認為驅使「在地化」過程的主要動力是源於實際生活的需要。他們從廣東遷至香港,人生路不熟,需要互相幫忙和學習在香港生存的知識和技能。雖然他們人在香港,這批自廣東的華人穆斯林仍具強烈的「家國」意識。希望他們的下一代在香港生活的同時,也能承傳這種愛國情懷。

圖表4.2　1931年「中華回教博愛社義學」課程大綱[23]

初級小學			
科目	第1年	第2年	第3年	第4年
讀文	香港漢文讀本第一二冊，商務印書館，國文教科書第一二冊	仝前第三四冊	香港漢文讀本第五六冊，商務印書館國文教科書第五六冊	仝前第七八冊，檢查字典，讀日報
作文	串句，由俗譯文（口授）	短文造句，由俗譯文（初譯一二字漸至成句）（兼授廣益書局兒童牘）	譯文（由長句增至一段），淺易日用文（兼授世界書局記事文範本），淺易信牘（兼授世界書局初級新尺牘），選授商務印書館小學文法初階	譯文日用文（信棨事文等），（兼授世界書局論說文範本），淺易信禮（兼授世界書局初級新尺牘）選授古文評注，選授文法初階
寫字	抄默等	仝前	抄默等	正書及簡便行書
算學	甲組教加減法，乙組教數寫至千位	乘法	除法（長短法並授）	（一）小數（需令學生明其數理）（二）諸等簡易加減乘除法
歷史	故事（由教員採譯）	仝前	廣益書局歷史指南第一二冊	仝前第三四冊

23　中華回教博愛社，《中華回教博愛社義學校務報告》（香港：中華回教博愛社，1932）。

初級小學				
科目	第1年	第2年	第3年	第4年
地理	甲組（維多利亞城圖），乙組教授本校附近街道並方向	香港全島圖，兼授香港地理教科書（林生五編）	廣東省地理教科書（本港東莞義學編），廣益書局地理指南公二冊，需加以教授下列各項（一）各生原籍及新界地方（二）各省貨物出入口情形（三）鐵路源流及通商口岸	商務印書館簡明地理教科書上下冊，全前第三四冊地理繪圖
公民	中華書局社會課本第一二冊	全前第三四冊	中華書局社會課本第五六冊	全前第七八冊
常識	商務印書館常識教科第一二冊	全前第三四冊，兼授下列各旗並該國地輿所在。中國、英吉利、美利堅、法蘭西、義大利、日本、德意志、俄羅斯、荷蘭、葡萄牙、澳大利亞	商務印書館常識教科書第五六冊，兼授本港重要官員之名稱職權及其衙署所在地	全前第七八冊
衛生				香港衛生教科書選授第二三冊
英文			中華書局新小學讀本第一冊。拼音、讀法、會話、翻譯、串句、默書	全前

附記：體育（團體遊戲、模仿操），音樂（唱歌表演），手工（紙花紮作）三科，均列為課外作業，於休業日舉行。

第3節　家國情懷：粵港兩地華人穆斯林社群的互動

　　戰前香港華人穆斯林社群以廣東穆斯林為人口的主體。他們在香港展開了「在地化」的過程，同時與廣東的華人穆斯林社群之間保持緊密的聯繫。兩地的聯繫一方面源於家族血緣關係，但是宗教信仰和對國家的認同感在維繫兩地的華人穆斯林社群一事扮演著舉足輕重的角色。兩地社群的聯繫直到二次大戰前夕有增無減。在面對外教人士的挑戰及質疑時，香港及廣東兩地的華人穆斯林社群往往能夠合作起來，對外一致表態，以維護穆斯林的權益[24]。

　　在宗教事務方面，穆斯林宗教場所如粵港兩地的清真寺、禮拜堂以及穆斯林專用的墳場事務修建是當中較為重要的議題。在這些宗教場所的修建、重建以及搬遷等的事宜上，兩地的穆斯林社群一直都保持緊密聯繫，向對方提供各項意見及協助資金的募集。

　　例如在1920年代，廣州的華人穆斯林社群提出重修當時廣州城最主要的穆斯林墳場——廣州桂花崗回族墳場。在民國十五年（1926年）時所立的捐款碑中便有博愛社的捐款記錄[25]。

　　除此之外，香港華人穆斯林社群也曾協助修建廣州的清真寺。例如在1930年代初，香港穆斯林教胞踴躍捐款支持廣州歷史最悠久的清真寺——懷聖光塔寺的重修工程。在1932年，廣州懷聖寺便派了周善之、馬仁峰等共五人來港募捐經費。來自廣州的

---

[24] 中元秀、馬建釗、馬逢達，《廣州伊斯蘭古蹟研究》，頁253。

[25] 中元秀、馬建釗、馬逢達，《廣州伊斯蘭古蹟研究》，頁192-197。

周善之代表懷聖寺在博愛社演講，指他們一行人來港拜訪的目的是希望香港的教胞能夠本著伊斯蘭團結互助的精神來捐助懷聖寺的重修工程[26]。早於懷聖寺重修工程進行募捐前，香港的博愛社已曾就擴展社的禮拜空間及學校的事宜到廣州進行募捐。

　　1930年，博愛社的馬受伯社長便代表博愛社及香港華人穆斯林社群到廣州募捐，並以粵語向廣州的穆斯林進行演說。在《十一月九日廣州市回教全體光塔寺開歡迎香港博愛社代表會》一文中，馬受伯在會上發言指：「……教親呀！我地來省城，專為呢樣工作，敬求教親精神上與及物質上，兩樣都要幫忙，咁樣唯主明察，回賜自無限量咯！……」；回教俱進會粵支部的代表之一保少眉的回應則被記載在同一份報道中：「竊以天下穆民本屬一家，省港尤為密，況辦學為現時代最重要之事……」。保少眉鼓勵廣東的華人穆斯林能夠體察粵港兩地穆斯林社群的緊密聯繫，捐助博愛社來擴大其禮拜和教學空間，使到博愛社能夠為更多的香港華人穆斯林提供服務，促進伊斯蘭在香港的傳承和傳播[27]。

　　兩地的華人穆斯林社群除了在修建清真寺和學校事務有所合作外，在教外人士企圖侵佔穆斯林權益的時，粵港兩地的華人穆斯林社群大都能團結起來，向教外人士、政府及廣大的社會人士提出穆斯林社群的訴求。

　　戰前的兩個事例可說明粵港兩地穆斯林社群如何合作來維護兩個社群的權益：1. 1932年《南華文藝》侮教案；2. 1935年廣州桂花崗回教墳場遭到人為破壞一事。

---

[26] 馬強，《民國時期粵港回族社會史料輯錄》。

[27] 〈十一月九日廣州市回教全體光塔寺開歡迎香港博愛社代表會〉，《天方學理月刊》（廣州），1930年第3卷第2號。

《南華文藝》侮教案是指在1932年，上海報刊《南華文藝》第一卷第十四期中載有〈回教怎樣不吃豬肉〉一文，諷刺穆斯林不吃豬肉之教義，因此引起全國穆斯林的強烈反彈。中華回教俱進會粵支部作為廣東地區最主要的華人穆斯林組織，就此事件提出抗議。該支部上書南京政府，要求政府將該報刊的主編人等以「違背黨義危害民國罪」處置，並將該報刊查封，因該報刊諷刺穆斯林信仰之行為乃是「顯欲侵害我五千萬回民信仰之法益……」以及不符「五族共和」之理念。

香港的博愛社也對此事作出回應，聲援中華回教俱進會粵支部的行動。博愛社也成立了「港僑護教大會」，向南京政府施壓，要求南京政府嚴肅處理事件[28]。

第二個例子則為1935年廣州桂花崗回教墳場遭受人為破壞一事。廣州桂花崗回教墳場自唐代以來便是廣州華人穆斯林的主要下葬地。1932年中華民國廣東省會公安局佈告（行字第一五號）所載：「……竊為本市大北流花橋外桂花崗、走馬崗、聚龍崗、埋崗以至三元里瑤台鄉之北一帶地方，向為回教葬地，自有唐以來計千年有餘歲，計墓十餘萬塋。所有回教之古哲先賢，忠勇烈士，及中外教民附葬其間。荷蒙歷朝行澤，得以保存……」。可見該墳場歷史悠久，對當地的穆斯林社群具有重要的宗教及文化象徵意義[29]。惟該墳場接近省會廣州城的市中心，土地價值不菲，故不少商人及地產商欲把墳場用地改劃作商業發展之用。

---

[28] 中國回教俱進會粵支部，〈廣州教胞討論對待辱教案紀〉，《天方學理月刊》（廣州），1932年第4卷第12號。

[29] 廣東省公安局，〈廣東省公安局佈告（行字第十五號）〉，《天方學理月刊》（廣州），1932年第4卷第7號。

1935年，廣州合成公司假借正德學校建校之名義，在未經許可下，在墳場範圍內建築路面以及破壞墓地，引起廣東、香港各地穆斯林社群強烈不滿。

中國回教俱進會廣東分會牽頭號召全國的穆斯林組織聲討合成公司的行為，並向廣東省政府及中央政府施壓，要求政府正視穆斯林墳地被人為破壞一事以及懲罰相關人士。

各地穆斯林組織的反應強烈，包括香港的博愛社也有聲援，並向時任廣州市政府和司法機關的領導層發出電文：「廣州分送陳總司令、林主席、劉市長、劉財政局長、文工務局長、高等法院謝院長、地方法院陳院長鈞鑒：頃接中國回教俱進會粵支部而稱大北外桂花崗回教墳場被正德學校即合成公司周沖若、馮心台、關萬盛等侵界築路植樹，損害墳墓，正呈訴市府究辦，不料竟敢將該崗東南隅居中發掘，毀去墳盈百，將遺骸遺棄無存。經由分會向市府地檢處請求依法嚴懲，永停建築。請一致代籲廣州行政司法，長官准予嚴處以儆凶殘等語。……香港中華回教博愛長社社馬伯常主席、楊建卿暨僑港全體回民叩」。除了博愛社外，其他各省市的穆斯林組織亦各自向當時的廣東省政府、廣州市政府及中央政府發電文施壓。此事例體現的是香港的華人穆斯林社群與中國內地的穆斯林社群之間的緊密聯繫[30]。

二十世紀期來港的華人穆斯林絕多數來自廣東，加上在港的華人穆斯林人數不多，宗教內聚力自然很容易把在港的華人穆斯林導向廣東的穆斯林的社群。在二十世紀初期至二次大戰以前，南亞裔穆斯林在數量上比華人為多，加上他們與港英政府關係密

---

[30] 馬伯常、楊建卿，〈廣州先賢墓所遭之不幸〉，《晨熹旬刊》（南京），1935年第1卷第24、25期合刊。

切，社會及經濟地位普遍比華人穆斯林為高。語言和文化上的差異使到華人穆斯林與這些南亞裔的穆斯林社群之間的交往並不密切。博愛社成立以前，華人穆斯林大多與南亞裔的穆斯林共用原有的宗教空間，例如清真寺。

在穆斯林的宗教生活中，清真寺和駐清真寺的「阿訇」是非常重要的。清真寺是穆斯林的主要宗教場所，是進行禮拜和參與各項宗教活動的地方；清真寺也是穆斯林社群內各成員交流及處理社群事務的地方，是建立社群意識和認同感的重要場域。

在華人穆斯林的世界中，清真寺的負責人被稱為「阿訇」。他們是對伊斯蘭具有深刻的認識的「老師」和「學者」，而且通曉阿拉伯文，能準確地教授《古蘭經》的經義及主持清真寺的經堂教育。

礙於語言和文化上的差異，南亞裔阿訇難以向本地的華人穆斯林教授經義知識。因此，自二十世紀初期，在香港服務華人穆斯林的「阿訇」大都是廣東來港的。他們很多人都能夠說流利的粵語和國語，與華人穆斯林之間沒有語言上的隔閡，能為香港的華人穆斯林社群提供各項宗教服務，例如主持禮拜、婚姻喪葬儀式等事務。

然而，這些主要來自廣東的阿訇，他們來港的時間並一致，留港的時間也長短不一。當中部分人在博愛社等穆斯林社團組織擁有正式職稱，有些則只是純粹到港停留宣教，屬於「散班」的阿訇。

筆者結合了不同資料來源的分析，總結自二十世紀初期至戰前曾在港服務的阿訇約有7-8位（見圖表4.3）。

馬達五、劉傳根以及熊振宗三位阿訇自1929年起順序成為博

愛社的德育部主任，主要負責博愛社義學的阿拉伯文、《古蘭經》經義及各項宗教知識的教學，另外也負責為本地華人穆斯林主持各項宗教儀式[31]。

在1931年的《博愛社德育部馬達五啟事》記載：「……弟（馬達五）添任本社德育部兼本社義學校回文、國語兩科教席，已歷二十閱月矣……」。馬達五約自1929年起以阿訇身分，任德育部主任及義學老師；及至1931年中離開香港，並由劉傳根接任德育部主任一職，此事記錄於1931年的《中華回教博愛社大會情形》一文中。

1933年，劉傳根更以阿訇身分代表博愛社到國內的華北地區募捐，為香港的博愛社擴建義學籌集經費[32][33]。

在《民國廿一年度社務報告》中，劉傳根則提出博愛社應重新審視教親送殯及喪葬的禮儀。他指博愛社應籌組送殯會，並列出兩點送殯辦法：「甲，每會友一人歸真，應由各會友各致送二毫。乙，需到送殯。」[34]；此外，金逸卿作為博愛社的創辦人之一，也在1929年《天方學理月刊》第5期的〈香港金逸卿阿洪對婚禮之意：倡議革除陋俗，贊成節儉婚姻〉一文中對當時香港及廣州穆斯林社群的婚禮習俗提供意見，認為穆斯林的婚禮應

---

[31] 馬強，〈哲瑪提與社區——都市穆斯林研究的新視角〉，《流動的精神社區：人類學視野下的廣州穆斯林哲瑪提研究》（北京：中國社會科學出版社，2006））第1版。

[32] 中華回教博愛社，〈中華回教博愛社大會情形〉，《穆士林》（香港），1931年6月30日，第5、6期。

[33] 馬達五，〈博愛社德育部馬達五啟事〉，《穆士林》（香港），1931年6月30日，第5、6期。

[34] 中華回教博愛社，〈民國廿一年度社務報告〉，《穆士林》（香港），1932年第11期。

該盡量節儉，並且要盡量避免受到他教禮俗影響，拒絕加入拜堂、焚香等其他非伊斯蘭元素[35]。兩位阿訇對殯儀及婚禮禮儀事宜的評論，有助說明阿訇除了負責伊斯蘭及《古蘭經》知識的傳授外，也能解釋宗教禮儀的規定及經文的內容，具有一定的權威性。

　　另外一位曾任職博愛社德育部的阿訇是熊振宗，他曾在廣州的懷聖寺擔任阿訇，後約在1935年到達香港接替為博愛社的德育部主任。在1936年的《博愛社社務報告》中的「議程」部分已有「熊振宗代表報告社務一年之經過」的項目，當年的全社社員選舉大會中，熊振宗與回港的馬達五分別被選為正、副的德育部主任[36]。熊振宗每週六晚都會在博愛社進行講學，刊於1936年11月15日《清真教刊》創刊號的〈德育消息〉言道：「博愛社德育部主任熊振宗阿洪（訇），常川於該社每星期六晚演講天經，宣傳教義，維世風，而革末俗。茲為振展起見，特聘馬達五阿洪（阿訇）同肩此任，協助進行。凡我教胞務請踴踴參加，共聆主訓，增加教義常識，回賜誠無量矣。」。這說明了阿訇在香港華人穆斯林社群中作為宗教教育推行者的角色[37]。同期《清真教刊》中的〈博愛社恭祝聖女壽辰情形報道〉中則記載到：「……德育部主任熊振宗領導全體肅然立誦「清真言」。移時，敦請伊斯蘭回文學校校長馬達五阿洪（阿訇）講天經，發揮透闢，聽者動容。繼由熊振宗阿洪（訇）講天經，闡微發奧，淋漓盡致，頗獲聽眾

35　金逸卿，〈香港金逸卿阿洪對婚禮之意：倡議革除陋俗，贊成節儉婚姻〉，《天方學理月刊》，1929年第5期。

36　中華回教博愛社，〈回教博愛社社務報告〉，《清真教刊創刊號》（香港），1936年11月15日。

37　〈德育消息〉，《清真教刊創刊號》（香港），1936年11月15日。

歡迎。……」[38]。這事例進一步解釋了阿訇在香港華人穆斯林社群的角色：1. 作為社群的宗教領袖，管理社群內的宗教事務，並且主持各種宗教儀式；2. 作為宗教知識的傳授者，向社群成員教授有關伊斯蘭的知識，幫助教胞正確理解經文的內容; 3. 協助社群的組織發展以及聯繫中國內地各地區的清真寺及穆斯林組織，為香港的華人穆斯林社群募集資金和資源。

1939年，張廣義從廣東來港，出任博愛社的駐社阿訇。他從1939年起在港擔任阿訇至退休為止，前後共約七十年的時間，是在香港任職時間最長的華人阿訇。

張廣義在香港出生，其祖父及父親皆曾是阿訇。他則在1939-1949年任博愛社的駐社阿訇，是抗戰期間香港華人穆斯林社群的重要領袖人物[39]。

這些從廣東來港的阿訇，填補了香港華人穆斯林宗教生活的空白。在港的華人穆斯社群透過各種宗教活動以及社團組織，與廣東地區的穆斯林維持著緊密的聯繫。這種家國情懷也隨著抗日戰爭日趨白熱化及廣州淪陷後顯得更明顯。不同的穆斯林「救國」組織開始在香港和廣東成立，體現當時在港華人穆斯林社群強烈的家國情懷。

事實上，自中華民國成立以來，內地各地包括廣東的華人穆斯林社群便與民國政府頻繁交往。早於民國十三年（1924年），孫中山便已准許廣州桂花崗一帶的穆斯林墳場能被永久保留且不

---

[38] 〈博愛社恭祝聖女壽辰情形〉，《清真教刊創刊號》（香港），1936年11月15日。

[39] 〈張廣義阿訇傳（1911-2013）〉，《香港伊斯蘭聯會會訊》（香港），2013年7月，頁19。

可被遷拆[40]。1935年廣州桂花崗墳場被破壞一事後，各地穆斯林社團向各級政府施壓，本身為穆斯林的時任廣西副總司令白崇禧也直接發文至廣州市政府，要求當時的廣州市市長迅速辦理該案件[41]。

民國政府不少高官將領本身也是穆斯林，較著名的例子有白崇禧及馬步芳[42]。因此，有關於穆斯林權益之爭議糾紛，很容易會得到民國政府的重視，維持民國政府與國內穆斯林社群的良好關係亦有利於政府的統治。

香港的華人穆斯林社群在戰前已經與民國政府有所聯繫，例如在1936年時博愛社就廣州黃埔支路的工程劃入廣州穆斯林墳場一事上書廣東省政府，並且得到廣東省政府的批示。廣東省政府獲時任青海省主席馬麟的電文指示後也對該事件向博愛社作批覆[43]。

及至抗日戰爭日益激烈，粵港兩地的華人穆斯林社群更是同仇敵愾，激發了強烈的愛國情懷和國家認同感。

兩地華人穆斯林開始建立以支援抗戰及以「救國救教」為宗旨的社團，例如在1937年成立的「香港中華回教青年會」便開宗明義地指明其創立精神是為抗戰吶喊宣傳、聯通民眾情感，健全

---

[40] 〈廣州回教請願書〉，《回光》（上海），1924年11月1日；〈廣州回教墳場被侵佔近況〉，《月華》（北平），1935年5月10日，第7卷第13期。

[41] 中國回教俱進會粵支部，〈桂花崗回教公有墳場慘被惡棍佔地毀墳滅骨略記〉，《天方學理月刊》（廣州），1935年總第73號。

[42] Merrill Ruth Hunsberger，〈第一章 青海〉及〈第二章 諸馬的興起〉，《馬步芳在青海（1931-1949）》；趙錫麟、張中復，《天方學涯：趙錫麟先生訪談錄》（臺北：國史館，2014），頁216。

[43] 雪花，〈博愛社奉到省府批示〉，《塔光》（廣州），1936年11月25日，第3期。

教胞愛國為教之精神。在抗日戰爭爆發後，該會開始支援內地的抗戰工作，包括認購戰時國民政府公債三千多國幣；在1940年11月為前方軍隊籌集購置寒衣的作出捐款，總共捐出港幣三百十五元，另加國幣三十二元[44]。該會也在1939年多次向新界錦田的難民營內的穆斯林教胞提供各項生活物資。

　　另外一個例子則為「中國回教救國協會香港分會」，其組織成員不少本身便是博愛社的成員，如副幹事薩兆經。該會主要透過發行《中國回教救國協會會刊》來在粵港兩地的華人穆斯林社群中宣揚能激勵抗戰士氣的輿論。尤其是廣州在1938年淪陷後，該會便發文抗擊當時由日軍所扶持成立的「廣州偽回教自治會」，呼籲粵港兩地的教胞抵制該組織[45]。該會也在1939年7月7日的「七七（蘆溝橋事變）紀念日」聯同博愛社及香港中華回教青年會在香港博愛社禮堂為全國戰爭死難者及將士祈禱。參加者包括了已從廣州逃至香港的廣州大南路回教堂教長周善之、廣州光塔街回教堂教長馬仁峰、濠畔街回教堂教長王正軒、廣州回教光塔代表張兆平以及其他從廣州遷港的之華人穆斯林代表。祈禱結束後，由博愛社全體學生誦《清真言》及唱中華民國國歌；時任博愛社駐社阿訇亦誦《古蘭經》「抗戰勝利篇」，馬達五阿訇亦有演講，以激勵在港穆斯林的抗戰士氣[46]。

---

[44] 〈香港回胞認購戰債三千餘元〉，《中國回教救國協會會刊》（重慶），1942年第4卷第1期；〈香港中華回教青年會自動捐巨款〉，《中國回教救國協會會刊》（重慶），1940年第3卷第1期。

[45] 〈香港分會揭穿敵在廣州煽動回胞之醜劇〉，《中國回教救國協會會刊》（重慶），1939年11月15日，第3卷第1期。

[46] 香港中華回教青年會，〈全港回教徒祈禱抗戰勝利〉，《回教青年會刊》（香港），1939年7月7日，第1卷第3期。

除了上述的組織活動外，博愛社的張廣義、周善之及印度裔穆斯林夏高理等人在1939年2月向港英政府爭取在新界新田設置穆斯林難民營，並且募集港幣十餘萬月於購買生活物資。據《回教教胞在錦田難民營之實在情形》報告記載，該營於1939年2月5日開放予穆斯林難民遷入居住，最初入營人數有159人。該營由廣州逃到香港的周善之教長為營長，營中設立小學一所，初有學生56人。截至同年7月2日，營內人數增至332人，學生則有90人，營內每日舉行禮拜五次及向難民提供每日三餐。

除此之外，香港的華人穆斯林社群也曾自發認購戰時公債，截止香港淪陷前的1941年9月15日，全港華人穆斯林共認購了國幣三千二百二十元的戰時公債[47]。由此可見，隨著戰爭愈趨激烈，香港與廣東的華人穆斯林社群之間的互動更頻繁，兩者成為了命運共同體。

及至1941年12月珍珠港事變後，太平洋戰爭亦告爆發。香港在一個月內宣告淪陷。不少原居於香港的華人穆斯林亦被逼逃離，當中不少人經廣東逃至廣西一帶，部分人則逃至貴州等西南地區。

當時的西南地區作為民國政府的大後方，不少內地的政府機關及高等學府被遷至該地區。包括了1925年始創於山東的「成達師範學校」，該學院是中國首批現代伊斯蘭高等學府，是為了培育中國新一代伊斯蘭領袖而設的。課程包括了《古蘭經》經學以及阿拉伯文，在抗戰期間遷至廣西桂林，部分來自廣東和其他各省的華人穆斯林青年也曾入讀該校。當中部分來自廣東的學生如

---

[47]　〈流離失所的廣州回教難民〉，《回教論壇》（重慶），1939年12月31日，第2卷第12期。

劉有信及包承禮在戰後來港後，當上了阿訇和華人穆斯林社群的宗教領袖，對社群的發展帶來了深遠的影響。

與此同時，另外一條從香港逃亡的路徑便是逃到附近的澳門。因當時澳門屬於葡萄牙領土，而葡國在戰爭期間宣稱中立，日本亦無沒有對澳門作出攻擊，使到澳門在當時成為其中一個較安全的逃難地[48]。

總括而言，二十世紀至二次大戰期間是香港華人穆斯林社群「在地化」的「醞釀期」。在這期間，在港的華人穆斯林社群方興未艾，與內地的穆斯林社群交往密切，強大的宗教內聚力使到他們與香港社會其他穆斯林社群的交往較少。殖民政府亦似乎也不太重視華人穆斯林社群。初創於1850年代的香港回教信託基金總會，雖然它是香港穆斯林社群的法定代表，但其早期組織架構亦沒有把華人穆斯林納入其中。

華人穆斯林社群對本地社會事務的參與不多，對於他們而言，他們宗教和政治生活核心似乎仍是內地，具有強烈的民族情意結。到了二次大戰結束後，內地的政治局勢再次迅速改變，香港的華人穆斯林社群也進入了新的「在地化」階段。

---

[48]　王香君女士口述，訪談者霍揚揚，2014年3月20日。

圖表4.3　20世紀初至戰前自中國內地來港服務之阿訇列表[49]
（按出生年份排列）

姓名	出生及離世年份	約開始在港開始服務年份	下葬地點	備註
金逸卿	1859-1929	在1918年或以前	香港	1918年與馬瑞祺、鎖春成等人在香港成立「「中華回教博愛社」」。
馬惠泉	1894-1976	不詳	不詳	曾在戰前於香港擔任散班阿訇
劉傳根	1896-1949	約1931年	香港	約1931年接替離任的馬達五為博愛社德育部主任，並曾代表博愛社到華北進行募捐。
馬志超	約1902-1949	約1937年	香港	在1937年開始往香港傳教，曾在港擔任散班阿訇。
馬達五	1907-1978	約在1929年	香港	幼時曾到西北西寧學習阿拉伯文及經義，25歲成為阿訇，後於上海習醫，成為醫生，約在1929年成為博愛社的德育部主任兼回文、國語兩科教席，後曾離開香港，戰後續留香港任阿訇。
張廣義	1911-2013	1939年	香港	1939年開始成為博愛社的駐社阿訇，一直留在香港服務至退休為止。
熊振宗	1912-1980	約1935年	臺灣	約在1935年在港擔任博愛社德育部主任，戰後短暫停留香港，遷往臺灣，成為臺灣伊斯蘭宗教領袖之一。

---

[49] 中華回教博愛社，《中華回教博愛社金禧紀念特刊：1929-1979》；中華回教博愛社，《中華回教博愛社：社址重建特刊》；周仲仁，〈濟南成達師範〉，《成德達才：紀念成達師範創建八十週年學術研討會論文匯編》（北京：宗教文化出版社，2006）；沙利民先生口述，訪談者霍揚揚，2014年4月10日；沙麗曼女士口述，訪談者霍揚揚，2014年4月10日。

第5章

「在地化」的高峰：

戰後廣東穆斯林的社群生活

第1節　聚合而居的廣東穆斯林

　　二次大戰及香港淪陷期間，不少原居香港的華人穆斯林遷至澳門以及內地的西南「大後方」暫避戰火。在戰爭結束後，這些廣東穆斯林便陸續遷回至香港，並且重新聚居於港島的灣仔一帶。由於內地在戰後初期政局不穩，加上為數不少的穆斯林宗教領袖從廣東遷港居住，這使到廣州作為華南地區伊斯蘭信仰中心的地位日漸褪色[1]。

　　香港的廣東穆斯林社群不得不面對現實，加強對本地社會事務的參與及與其他本地穆斯林社群的聯繫。這使到一個以香港為核心的華人穆斯林宗教生活圈亦漸漸地被建立起來，促使香港華人穆斯林社群進入了「在地化」的高峰。

　　在戰後的1950-1960年代，廣東穆斯林大體上以港島的灣仔為聚居地，並且以位於灣仔陳東里的博愛社社址為宗教活動的中心。他們很多都在聚居區域附近的南洋煙廠及香港電車公司的電車廠上班。在前者上班的以擔任捲煙員為主，而後者則主要受僱於電車公司的油漆部。

　　在1950年代時，南洋兄弟煙草公司在灣仔的堅拿道西設有廠房，香港電車公司則在今時代廣場的位置上設有電車廠。不少居住在附近的廣東穆斯林因利成便進入這兩家公司工作；其次這與當時流行的「擔保人制度」有關，很多公司商號都需要有現職員工擔保才會錄用新員工。在這不成文制度下，華人穆斯林進入煙

---

[1] 馬強，〈哲瑪提與社區──都市穆斯林研究的新視角〉，《流動的精神社區：人類學視野下的廣州穆斯林哲瑪提研究》。

廠和電車公司工作後，便可較容易地擔保其他居住在附近的教胞來工作。不少廣東穆斯林社群的主要領袖都曾經在香港電車公司工作，例如在戰後對博愛社發展影響深遠的脫維英和羽昶威[2]。

　　廣東穆斯林在灣仔聚居並建立了獨特的社群架構。這種穆斯林社群亦可稱為烏瑪（Ummah）或者是哲瑪提（Jama'at），這兩個詞語皆是阿拉伯文的音譯，而其中文意思大概是指「社群」，等同於英文中Community的意思。在不同的文化和地域背景下，對於烏瑪和哲提瑪的解釋不盡相同，但基本上是指具相同伊斯蘭宗教信仰特質的群體。

　　筆者嘗試以「哲瑪提」的概念來解釋香港廣東穆斯林在戰後所建構的社群模式。「哲瑪提」大體上是指由穆斯林聚居所形成的社群[3]。穆斯林社群的其中一個主要特徵是當清真寺建成後，社群成員便會圍繞著清真寺而聚居，然後展開各類型的宗教、經濟和社交活動。社群成員的日常宗教生活以該區域為核心，並會以伊斯蘭信仰和規範作為這個社群的行為和道德準則。當代的中國穆斯林學者馬強便在《流動的精神社區——人類學視野下的廣州穆斯林哲瑪提研究》一書中便示範了如何利用「哲瑪提」的概念來解釋到廣州穆斯林社群在戰後乃至內地改革開放後的變遷[4]。

---

[2]　楊汝萬教授口述，訪談者霍揚揚，2014年3月26日；楊義護先生口述，訪談者霍揚揚，2014年2月14日；脫瑞暖女士口述，訪談者霍揚揚，2014年2月11日；Yeung Yue-man, *From Local to Global and Back: A Memoir of a Hongkonger* (Hong Kong: Commercial Press, 2012), pp. 1-16.

[3]　馬強，〈哲瑪提與社區——都市穆斯林研究的新視角〉，《流動的精神社區：人類學視野下的廣州穆斯林哲瑪提研究》。

[4]　馬強，〈哲瑪提與社區——都市穆斯林研究的新視角〉，《流動的精神社區：人類學視野下的廣州穆斯林哲瑪提研究》。

　　香港的城市化進程也影響著香港華人穆斯「哲提瑪」的形成和變遷。在戰前已經建立的博愛社，為聚居灣仔的華人穆斯林提供了參與各樣宗教活動的空間，實際上發揮了清真寺的功能和角色。在戰後，博愛社的社址繼續發揮其宗教功能，來自廣東的華人穆斯林家庭以博愛社的社址為核心來聚居，並在社群附近的地區找尋工作機會，在港島的鬧市建立了一個屬於華人穆斯林的「哲瑪提」生活圈子。

　　從本地穆斯林學者楊汝萬教授的個人自傳及結合其歷史口述訪談的資料，便可得知戰後至1960年代灣仔華人穆斯林「哲瑪提」的生活概況。

　　楊氏家族的背景與很多的廣東穆斯林家族相似。楊氏的祖籍可追溯至北京市。在明末年間，朝廷因應南方的廣西發生少數民族所發起的叛亂，因此派遣其祖先來到廣西及廣東一帶平亂。在平亂成功整個家族被派遣長期駐守在廣東。自此楊氏便在廣東落地生根。及至第九代，即楊汝萬的祖父楊贊庭率先在二十世紀初遷到香港，並與同為穆斯林的沙少卿結為夫婦，楊贊庭則在一間印度商行擔任廚子，二人定居於灣仔[5]。

　　直至戰後，楊氏與很多廣東穆斯林仍居於灣仔區一帶。整個社群大致上以位於陳東里的博愛社社址為核心。皇后大道東以西設有穆斯林墳場，墳場內設有「快活谷回教堂」，服務所有不同族裔的穆斯林；位於堅拿道西及羅素街一帶的南洋煙草公司和香港電車公司車廠則為當地的穆斯林社群提供了工作機會[6]。

　　在飲食方面，穆斯林需要進食合乎伊斯蘭律法的「清真食

5　Yeung Yue-man, *From Local to Global and Back: A Memoir of a Hongkonger*, pp. 1-16.

6　Yeung Yue-man, *From Local to Global and Back: A Memoir of a Hongkonger*, pp. 1-16.

品」（Halal）。飲食上的特別規定令到華人傳統的烹調技巧能與伊斯蘭的規範相結合，形成融合粵菜和清真特色的飲食文化。

在灣仔區內有數家由華人穆斯林所開設的清真「老字號」餐廳，例如「友蘭」、「泉香」和「惠記」，提供適合穆斯林食用的粵式和港式菜餚。

「泉香」及「惠記」主要是提供中式食物，例如後者提供各類型的粵式燒味飯盒、雲吞粉麵、燒鴨油雞等具港式粵菜特色的食物，他們所提供的雞鴨肉食皆是符合伊斯蘭律法的；而「友蘭」則是一家港式的西餐廳，經營模式大致與「茶餐廳」相若，提供西式菜式，如牛扒西餐、西多士、炸雞腿等深具香港特色的西餐菜式。這些餐廳並不只服務穆斯林群體，不少在附近工作及居住的非穆斯林華人也是它們的常客。

在1950至1960年代開始，灣仔及跑馬地亦已經開設有專門提供清真鮮肉的街市攤檔，例如在跑馬地街市並專營雞鴨肉食及清真臘味的「泉昌號」。還有在中環街市專營清真鮮肉的「厚安牛肉欄」及「聯興號」等，為港島的穆斯林社群提供各類符合教法規定的牛羊鮮肉[7]。

在殯葬方面，在灣仔附近的跑馬地便設有專門為穆斯林而設的「回教墳場」，是香港第一間專門讓穆斯林使用的墳場（落成於在1870年）。在哥連臣角的穆斯林專用墳場於1963年落成以前，這個位於跑馬地的「回教墳場」一直是香港為最要的穆斯林墳場[8]。根據伊斯蘭的教法規定，穆斯林死後不可火葬，需要土

---

[7]　中華回教博愛社，《中華回教博愛社金禧紀念特刊：1929-1979》；中華回教博愛社，《中華回教博愛社：社址重建特刊》。

[8]　Caroline Plüss, "Hong Kong's Muslim Organisations: Creating and Expressing Collective

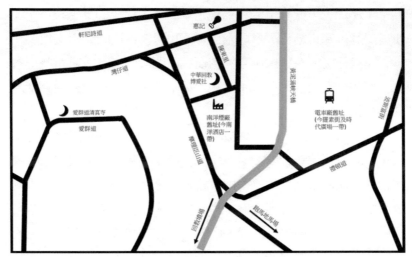

戰後至1970年代廣東華人穆斯林社群的工作及宗教場所分佈概況

葬，並且應在死後三天內盡快下葬以免屍體腐化。伊斯蘭主張厚
養薄葬的概念，一般經過簡單的喪葬儀式便會讓死者儘快下葬，
相關的儀式一般會在位於墳場或附近的清真寺進行[9]。

　　在1950-1960年代的灣仔，廣東穆斯林已經建立了一個涵蓋
生活各方面需要的生活圈子。這個圈子在地理上是以灣仔的博愛
社為核心，然後再向外擴展的。這種「哲瑪提」式的社群生活，
對於維繫社群的團結以及宗教身分認同而言是非常重要的。在日

Identities", pp. 19-23; Joel Thoraval,〈葬禮與祈禱的安排——香港回教信託基
金總會歷史概貌（1850-1985）〉，《諸神嘉年華：香港宗教研究》，頁
413；丁新豹，《人物與歷史：跑馬地香港墳場初探》（香港：香港當代
文化中心，2008）；梁美儀、張燦輝，《香港墳場發展史略》（香港：
中文大學出版社，2005），頁214。

[9]　國立臺灣博物館、臺灣伊斯蘭研究學會，《伊斯蘭：文化與生活》，頁
78-115。

常生活中各層面滲入宗教元素，有利於社群成員學習和維持穆斯林的生活。年輕的穆斯林也能從中學習和理解伊斯蘭經文所表達的義理，傳承對伊斯蘭的宗教認同。

第2節　宗教傳承的新嘗試：廣東穆斯林社群的伊斯蘭教育

在1960-1970年代，華人穆斯林社團在香港的發展日見成熟，並參與香港穆斯林社群的事務。在戰後至1960年代，在華人穆斯林社群中發揮最重要領導角色的華人穆斯林社團仍是博愛社。在1940年代末期-1960年代期間，博愛社仍以辦學為主要社務，希望為在港的華人穆斯林提供完善的伊斯蘭教育。

在抗戰結束後初期，原博愛社義學的校址因戰亂而受損，於是博愛社便以修復校舍為戰後的首要目標。博愛社義學在1947年重新在政府註冊在案並復課。戰後來港的華人穆斯林人數不斷增加，對穆斯林基礎教育的需求隨之上升。社址原有的兩層高建築無法應付相關需求，於是該社在1953年把在陳東里7號的社址改建成高四層的建築物。社址的地下、二樓及三樓作為小學的課室之用，而四樓則作為禮拜殿之用，天臺則用作禮拜前的「大小淨」之用。改建後，全校分為上下午校，共可容納學生264人。

同年，博愛社建立校董會，由馬世謙任校監，哈新為校長來滿足教育條例的要求。1954年時，全校學生共為204人。

在1957年時，義學校有超過百分之50的學生是華人穆斯林[10]。

---

[10] 中華回教博愛社，《中華回教博愛社金禧紀念特刊：1929-1979》；中華回教博愛社，《中華回教博愛社：社址重建特刊》。

惟因區內其他官立學校及津貼學校相繼落成，使到學校的學生人數在1960年代開始下降，學校也漸陷入收生不足的危機。

為解決這個問題，時任校董會成員脫維善向政府申請把學校改為政府津貼學校。1967年，政府批准其成為津貼學校。學校課程及制度需全面改革以符合教育司署的規定。所有教師不可再隨意由教長或其他人士擔任，需一律改由檢定教師擔任。退休教育官周乃聰成為了改制後的首位學校校長，其他原有老師則需重新接受師範教育，並在考取檢定資格後方可繼續在學校任教[11]。

是次改制使博愛社小學納入政府的監管體系，代表華人穆斯林意識到伊斯蘭教育需要得到主流社會的認同，方可繼續在香港生存和持續下去。儘管改制無可避免地削弱了博愛社對學校事務的主導權，博愛社礙於學生的長遠利益以及經濟上的實際需要，仍支持落實改制。

在改制後，小學畢業的學生可參與統一升中派位考試或升中派位測驗，這直接使到學校的收生人數上升[12]。然而，這情況直至1970年代中期開始改變，學校的收生人數不斷下滑，華人穆斯林佔總學生人數的比例亦不斷下降，令到學校的經營再次出現困難。這方面的原因與1970-1980年代香港華人穆斯林社群的離散現象有關，相關的討論可見於較後的章節。

在1960年代，博愛社的另外一件大事便是籌建香港的第一所伊斯蘭中學。在1962年2月，博愛社接受政府的撥地建議，以

---

11 中華回教博愛社，《中華回教博愛社金禧紀念特刊：1929-1979》；中華回教博愛社，《中華回教博愛社：社址重建特刊》。

12 中華回教博愛社，《中華回教博愛社金禧紀念特刊：1929-1979》；中華回教博愛社，《中華回教博愛社：社址重建特刊》。

位處北角雲景道的土地作為新中學的校址。博愛社在1966年展開
有關籌建新中學的籌款計劃。整個籌建計劃的總收入為233萬港
元，當中的169萬港元來自港府的補助金以及免息貸款（參見圖
表5.1[13]），另外的46萬港元則由博愛社自行募集所得，最終總開
出為231萬港元。在1969年，中學的校董會人選被確立，脫維善
任第一任的中學校監。及至1970年，「伊斯蘭英文中學」正式
開課。

圖表5.1　中華回教博愛社伊斯蘭中學籌建委員會
1966年10日11日至1974年8月31日

收入款項總表	（港元）
收入項下：	
教胞及各界捐款	HK$406,142.63
義演粵劇籌款實得金額	HK$23,532.00
教胞開經捐款	HK$7,924.60
捐款存於銀行定期存款賺得利息	HK$23,013.62
政府免息貸款總額	HK$1,695,000.00
政府補助金於校舍建築工程	HK$155,628.39
補助金於校具及設備	HK$22,543.71
收入總額	HK$2,333,784.95

　　該校乃是香港第一間伊斯蘭中學，教學語言以英文為主。
課程結構與其他本地文法中學大體上並無差異。不過，該校在其
課程中加入了與伊斯蘭教育相關的元素。例如，該校的學生入學
時會分配至六個不同的社，分別是代表著伊斯蘭核心道德價值的

13　伊斯蘭英文中學，《伊斯蘭英文中學建校紀念特刊》，（香港：伊斯蘭
　　英文中學建校紀念特刊，1974），頁2-24。

公正（*ADLU*）、英明（*HAKEEM*）、慷慨（*KAREEM*）、光明（*NOOR*）、崇高（*RAFFEA*）以及廣博（*MASIA*）六社。此外，該校也設有伊斯蘭學科，其目標是：「……是要使穆斯林及非穆斯林對伊斯蘭教有一個正確的認識……」。該學科的教學目標包括了：「1.介紹伊斯蘭作為道德的指引 2.使學生明了伊斯蘭是一完美的生活方式3.透過歷史，使學生明了人的本性」；另外也開設有阿拉伯文班、穆斯林生活營以及禮拜集訓等宗教教育活動，是該學校的主要辦學特色[14]。

在建校初期，伊斯蘭英文中學的學生絕大多數是華人學生，屬該地區的主要英文中學之一。這情況至1990年代中期開始有所改變。華人穆斯林學生的人數不斷減少，非華裔穆斯林學生的人數則有所增加。這現象的出現與全港適齡學童不斷減少有關，也同時反映華人穆斯林社群出現人口流出的情況。

總括而言，博愛社作為香港華人穆斯林最大的社團組織，其在戰後至1970年代的社務大體上以辦學為主，大力推動旗下的學校規範化，接受港府的規管和資助。為了進一步完善香港的伊斯蘭教育及為博愛社小學的畢業生提供升學的途徑，博愛社也籌款成立了香港首間伊斯蘭中學——「伊斯蘭英文中學」（在建校的初期，博愛社小學的小六畢業生可以免試直接保送進入該校就讀中一）。興建學校的資金同時由博愛社自行籌募及政府提供，當中以政府的補助金及免息貸款為主。

凡此種種皆顯示了香港的華人穆斯林社群已經改變了他們應對環境的策略，開始更活躍地進行「在地化」的過程。他們不但

---

[14] 伊斯蘭英文中學，《伊斯蘭英文中學建校紀念特刊》，（香港：伊斯蘭英文中學建校紀念特刊，1974），頁2-24。

希望原有的社群能夠盡快融入香港社會的生活，也希望他們的下一代能夠透過正規的教育來改善生活及實現社群的階級上流。

第3節　廣東穆斯林群參與本地社會與政治事務的嘗試

博愛社除了在教育事務上日益活躍外，在宗教事務方面，博愛社也日漸增加了華人穆斯林社群在相關事務上的話語權。

二次大戰後，香港百廢待興，博愛社籌組了「復興博愛社委員會」來主持博愛社在戰後的復興工作。在1950年該社欲推選在戰前曾為博愛社服務的馬達五阿訇為理事長，惟馬達五未有應允，於是改選虎平遠為理事長。馬達五則於同年改為暫替張廣義為博愛社的駐社阿訇。

阿訇對於穆斯林社群而言相當重要，是社群宗教事務上的主要指導者。博愛社對選任駐社阿訇一事相當重視，戰後初期的駐社阿訇，大多是已經是戰前已與博愛社聯繫密切的華人穆斯林領袖，例如馬達五、張廣義以及劉有信等人[15]。

博愛社在1953年完成社址的改建，並於同年的2月1日舉行開幕典禮，當時張廣義、馬心一、馬達五、熊振宗及劉有信五位在香港服務的「五大華人阿訇」皆有到場。

這五位阿訇是香港華人穆斯林社群最具影響力的宗教領袖。他們都是來自廣東的穆斯林社群，熟悉廣東及香港穆斯林社群的事務。他們也能夠以粵語與本地的華人穆斯林溝通。這種文化和

---

[15] 中華回教博愛社，《中華回教博愛社金禧紀念特刊：1929-1979》；中華回教博愛社，《中華回教博愛社：社址重建特刊》；香港伊斯蘭聯會，《張廣義阿訇傳（1911-2013）》（香港：香港伊斯蘭聯會，2013），頁19。

地域上的聯繫使他們順理成章地能夠在香港的華人穆斯林社群中
扮演領袖的角色。

例如馬心一便是戰後首位執掌九龍清真寺的華人阿訇。九龍
清真寺是以南亞裔穆斯林為主要服務對象的，因此由華人阿訇來
執掌該寺內實屬特例，可見馬氏地位崇高，廣為華人和南亞裔穆
斯林社群所接納和信任。張廣義則在戰前已經服務於博愛社，戰
後一直任博愛社的駐社阿訇直至1950年止。

張廣義能說廣東話、國語及烏爾都語，能夠與不同族裔的
穆斯林溝通並提供不同的宗教服務，包括解經、教經、主持禮拜
以及撰寫不同的穆斯林刊物文章以在香港宣揚伊斯蘭的教義[16]。
由此，他離開博愛社後，香港回教信託基金總會便聘請他擔任為
香港兩個最主要的清真寺——九龍清真寺以及些利街清真寺的駐
寺的阿訇。張廣義一例引證了華人穆斯林宗教領袖在戰後穆斯林
社群中扮演了重要的角色。他們服務的對象並不局限於華人穆斯
林，超越了族裔的界限。

另一證明廣東穆斯林社群積極參與本地穆斯林事務的例子則
是1970年代跑馬地回教墳場需被拆遷一事。

1976年9月，香港政府刊憲，指因應香港仔隧道的興建工
程，跑馬地回教墳場第12、13及14行段的墳墓需要被遷移，建於
墳場內的清真寺亦需要被拆卸。

在政府與穆斯林代表在1935年簽訂的《288號地段穆斯林墳
場租用替換契約》（*Substitutional Deed of Appropriation of Inland Lot
No, 288 for the Purpose of a Mussulman Cemetery*）中，政府已明確表示

---

[16] 中華回教博愛社，《中華回教博愛社：社址重建特刊》；香港伊斯蘭聯
　　會，《張廣義阿訇傳（1911-2013）》，頁19。

可因實際需要而收回墳場的土地，政府按約無需負責該土地上任何建築物的重建和維修費用。政府也表明灣仔及跑馬地一帶並無多餘土地可用來重建清真寺。

消息刊憲後，博愛社的時任主席脫維善表示反對。他認為政府應減少遷墳的數目以及撥地予穆斯林社群重建清真寺。在他牽頭下，眾華人穆斯林團體分別於1976年10月22日及11月5日兩次致函於政府提出反對意見及在華人穆斯林社群發動簽名運動。最後更於同年12月10日致函立法局及行政局，申明華人穆斯林社群對工程內容的反對意見。

港府最終讓步，就工程作出以下的變更：1. 墳場的第12,13,14地段不需遷移；2.政府將考慮在他址重建清真寺的可能性。

經過港府與博愛社和香港回教信託基金總會的談判，港府最終答允撥出今位於灣仔愛群道面積約4800多平方尺的土地交予香港回教信託基金總會興建一座新的清真寺作為拆卸跑馬地墳場清真寺的補償，此乃愛群道清真寺的由來[17]。

此例子解釋了在1970年代時，華人穆斯林社群的社會及經濟地位不斷提升，他們不再只關注社群內部的事務，更積極主動地介入有關香港整體穆斯林社群的事務。

以往香港穆斯林社群的法定代表是香港回教信託基金總會，政府亦准許該組織管理香港的清真寺及穆斯林墳場。該組織的成員構成以南亞裔的穆斯林為主體，華人穆斯林組織在當中並無合法代表席位。港府積極回應博愛社的訴求也間接承認了博愛社及其他華人穆斯林社團的重要性和代表性。

17　中華回教博愛社，《中華回教博愛社：社址重建特刊》；Caroline Plüss, "Hong Kong's Muslim Organisations: Creating and Expressing Collective Identities", pp. 19-23.

愛群道清真寺的外觀（攝於2019年）
圖片來源：香港中文大學梁保全香港歷史及人文研究中心授權

愛群道清真寺內男禮拜殿的內觀（攝於2019年）
圖片來源：香港中文大學梁保全香港歷史及人文研究中心授權

　　由於文化及語言上的本質性差異以及為了控制本地穆斯林社群事務的話語權，本地華人穆斯林社團與其他非華裔穆斯林社團之間一直存在著一定的張力。[18]。戰後，香港回教信託基金總會曾多次嘗試進行次改革及改組，希望能夠增加各個不同穆斯林社團在基金總會中的代表性。然而，礙於財政及權力分配問題，各個穆斯林社團一直無法取得共識。華人穆斯林社群的最大社團博愛社一直沒有加入香港回教信託基金總會，而基金總會也沒有其他華人穆斯林社團的代表席次，不同族裔的穆斯林社團之間一直存在著溝通不暢的問題。雖然如此，華人穆斯林社群仍可以透過伊斯蘭聯會來間接參與基金總會的事務[19]。

　　伊斯蘭聯會成立於1905年，是繼基金總會後，香港另一個歷史最悠久的穆斯林社團。伊斯蘭聯會以聯合不同族裔的本地穆斯林社團為定位，不論是甚麼族裔的穆斯林組織皆可以申請加入伊斯蘭聯會。伊斯蘭聯會本身在基金總會中也擁有代表席次。

　　伊斯蘭聯會也獲基金總會授權負責管理位於灣仔愛群道的「愛群道清真寺」（愛群清真寺暨林士德伊斯蘭中心），而伊斯蘭聯會在推動香港穆斯林社群的宗教文化活動上扮演著重要及主導性的角色。

　　至於「香港伊斯蘭青年協會」則成立於1973年，其成立使命是「團結不同種族的穆斯林青少年」、「提升青年於體格、智力、群體和道德上的發展」以及「促進文化交流」。在成立初

18　Caroline Plüss, "Hong Kong's Muslim Organisations: Creating and Expressing Collective Identities", pp. 19-23; Anita Weiss, "South Asian Muslims in Hong Kong: Creation of a Local Boy Identity", pp. 417-453.

19　Caroline Plüss, "Hong Kong's Muslim Organisations: Creating and Expressing Collective Identities", pp. 19-23.

圖表5.2 香港伊斯蘭青年協會歷屆會長及幹事名錄
（第一至第五屆）[20]

職位／年份	1973-74	1974-75	1975-76	1977-78	1978-79
會長	田冬冬 Begum Jamila Din	羽智雲 Yusuf Yu Chi-wan	羽智雲 Yusuf Yu Chi-wan	Usuff M. Currim	馬大活 Dawood Marker
副會長	林曼莉 Farida Lam	H. N. Sufi	脫志忠 Tuet Chi-chung	Abu Bakar Bin Wahab	林錫文 Hasain Mohamed Rumjahn
財政主任	馬永德 Ma Wing Tak	林曼玲 Hamida Lam	脫紉霞 Tuet Yan Ha	哈穗年 Sal Ha Sui-nin	馬增堯 Rumjahn Ma
內務秘書	宋滿來 Halima Sung	宋滿來 Halima Sung	劉之嫻 Laila Lau Chi-han	劉之嫻 Laila Lau Chi-han	脫新範 Alima Tuet
外務秘書	馬學明 Sadick Ma	Usuff Mohamed Currim	Usuff Mohamed Currim	Katijah Wahab	馬光明 Nurdin Ma
公關主任	馬嘉占 Jamam Marker	劉之嫻 Laila Lau Chi-han	馬麗嫻 Ma Lai-han	脫小嫻 Salima Tuet Siu-han	馬嘉占 Jamam Marker
福利主任	楊道明 Yeung To-ming	馬大活 Dawood Marker	Ahmad Khan	脫新範 Alima Tuet Sun-fan	薩汝敬 Haider Sat
文教主任	羽智雲 Yusuf Yu Chi-wan	馬學明 Sadick Ma	Shaban Ma	羽智雲 Yusuf Yu Chi-wan	羽智雲 Yusuf Yu Chi-wan
康樂主任	Iqbal Din	馬嘉占 Jaman Marker	馬嘉占 Jaman Marker	馬嘉占 Jaman Marker	林錫武 Hasain Mohamed Rumjahn

---

[20] 香港伊斯蘭青年協會，《香港伊斯蘭青年協會四十週年紀念特刊》。

職位／年份	1973-74	1974-75	1975-76	1977-78	1978-79
出版主任	林永樂 Adam Lam	羽智強 Ahmed Yu Chi-keung	林曼玲 Hamida Lam	空缺	馬永德 Ali Ma
總務主任	馬建德 Ma Kin-tak	劉亞志 Ramzan Lau Ah-chi	劉亞志 Ramzan Lau Ah-chi	馬勁達 Sulaiman Ma King-tat	林錫文 (代) Hasain Mohamed Rumjahn

期，幹事成員以華人穆斯林為主，例如連任第二及第三屆會長的羽智雲及第二屆出版主任羽智強。隨著該會發展，幹事成員除了華人以外，還有南亞裔穆斯林及「本地仔」穆斯林的參與。該會的活動以穆斯林青少年為主要目標，活動包括了遊藝會、柔道比賽、遠足等；該會也與伊斯蘭英文中學合作出版各項刊物及教材，介紹及宣揚伊斯蘭知識和教義。

　　該會的成立對不同族裔的穆斯林青少年的融合具正面意義。該會的成立在一定程度上反映了華人穆斯林社群醒覺到與本地其他族裔穆斯林建立正面關係的重要性，不但推動華人穆斯林社群的發展，也需要關注香港整個穆斯林社群的福祉[21]。

　　華人穆斯林與非華裔穆斯林一直以來雖保持往來合作，但雙方在溝通上仍存在一定的距離。以往南亞裔穆斯林藉著與殖民地政府的良好關係，在社經地位上明顯地較華人穆斯林有較多優勢；惟戰後香港經濟起飛，華人穆斯林的社會地位及經濟實力也不斷提高，雙方磨合和產生衝突的機會也因而增加。

---

[21] 香港伊斯蘭青年協會，《香港伊斯蘭青年協會四十週年紀念特刊》（香港：香港伊斯蘭青年協會，2013）。

第6章

風雲變色：
二次大戰後來港的北方穆斯林

第1節　政權更迭下的香港華人穆斯林社群

　　香港的華人穆斯林自二十世紀初到二次大戰爆發前夕，其社群的建構一直與廣東的華人穆斯林密切相關。在港的華人穆斯林與內地的華人穆斯林共同建構了一個跨越地域，但以宗親血緣及宗教認同為主要紐帶的宗教及政治生活社群。在國共內戰的歷史背景下，香港的特殊政治及歷史地位也在這個時期得到充分的體現。

　　隨著國共內戰爆發，來自內地各省分的華人穆斯林透過不同的形式及路線逃至香港，以逃避戰火。香港當時作為英國的殖民地而不受內地的戰火波及，且當時內地與香港兩地的邊界管制仍不算嚴格，因此不少華人穆斯林選擇香港為逃難的目的地。

　　結合各項資料及口述歷史訪談所得，在二次大戰結束至國共內戰結束期間，從內地遷至香港的華人穆斯林按其背景大致能分為四大類別：第一類別是其家族來自廣東，在二次大戰前已經定居於香港，後因應香港淪陷而短期遷往中國內地，如西南地區的廣西、貴州等或者鄰近的澳門，在戰事結束後，便回遷至香港；第二類則為在二次大戰期間已經逃至西南地區「大後方」，在戰爭結束後遷到香港的。

　　第三類別是本定居於華北及華東地區的華人穆斯林，他們大都以從事貿易生意為主，當中以古玩貿易為大宗。他們本身財政實力較雄厚，因內戰爆發，貿易中斷，加上對新政權存在不安感，故選擇連同財產一併南遷至香港，並在香港重新展開各項貿易生意；第四類別的華人穆斯林主要來自西北地區及華北地區，家族中有族人在民國政府擔任文官或將領，國民黨軍隊在內地的

戰事不斷失利，這批華人穆斯林便隨著政府及軍隊不將向南遷移，部分人經廣東遷至香港定居，民國政府在1949年退守臺灣，部分人也選擇了跟隨民國政府遷至臺灣[1]。

　　在這時期到港的華人穆斯林來自各個不同的省分和地方，文化、社會和經濟背景較為多元化。華人穆斯林人口的增加有助開拓新的宗教社群核心，華人穆斯林的生活核心由灣仔進一步擴展至對岸的九龍半島。

　　「廣東穆斯林」和「北方穆斯林」各自在港島和九龍建立起自己社群生活的中心。1970年代是香港華人穆斯林「在地化」的一個高峰期，不少華人穆斯林組織在這時期出現，而華人穆斯林對本地穆斯林事務，如穆斯林墳場的修建、清真寺的維修以及伊斯蘭教育事業等的參與度亦有所增加。

　　凡此種種顯示了香港華人穆斯林社群加快了他們在香港「在地化」的腳步，希望進一步融入香港主流社會的同時，建構華人穆斯林的社群生活圈子。

　　在二次大戰以前，粵港兩地的華人穆斯林社群基本上屬於同一個社群，在港華人穆斯林的宗教及政治生活也以廣州為核心。新中國成立後，原有的華人穆斯林社群的結構被大幅度改變甚或被瓦解。戰前所成立的各種穆斯林組織基本上都被改組或被終止運作。廣州則以新成立的「廣州市伊斯蘭教協會」作為廣州穆斯林的領導組織，其目的是「協助政府貫徹宗教信仰自由政策，維護本教組織和信徒的合法權益，反映信教群眾的意見和要求，對教徒群眾和宗教職業人員進行愛國愛教，遵紀守法教育……」。

---

[1] 趙錫麟、張中復，《天方學涯：趙錫麟先生訪談錄》，頁216；馬玉蘭女士口述，訪談者霍揚揚，2014年6月26日。

該會也負責統一管理廣州市內的清真寺的管理事務，以及作為政府政策的執行者。

二次大戰期間及內戰初期，為數不少的宗教領袖及穆斯林知識分子從廣東遷至香港。這些領袖太多曾在廣州不同清真寺和穆斯林組織供職的阿訇，對伊斯蘭經義具深刻的認識。

他們包括了馬達五、熊振宗、劉傳根、馬志超、馬心一、張廣義、劉有信以及包承禮等人。他們在戰後到了香港，當中張廣義、劉有信、馬心一及包承禮四位阿訇對戰後香港華人穆斯林社群的發展帶來了尤為重要的影響。

這些宗教領袖的外遷，把廣州的宗教生活核心南移至香港[2]，這有利於本地華人穆斯林社群在戰後的社群建構，把本地華人穆斯林的宗教生活核心留在了香港。這種形勢這對於華人穆斯林的「在地化」而言是一種正面的推動力。香港的華人穆斯林社群意識到戰後內地政治局勢的改變，使他們無可避免地需要參與本地的穆斯林社群事務，並且著手處理與香港其他穆斯林社群之間的關係。

第2節　香港華人穆斯林社群的新元素：北方穆斯林的南遷

在較早前的章節中，本文已提及「廣東穆斯林」以及「北方穆斯林」的概念。他們共同構成了現時的香港華人穆斯林社群。

---

[2] 廣州市伊斯蘭教協會文史資料研究組，《廣州市回族、伊斯蘭教文史資料選輯》；中華回教博愛社，《中華回教博愛社金禧紀念特刊：1929-1979》；馬強，〈哲瑪提與社區──都市穆斯林研究的新視角〉，《流動的精神社區：人類學視野下的廣州穆斯林哲瑪提研究》。

「北方穆斯林」主要是來自華北和華東地區，他們在戰前並沒有大規模遷移至華南地區。他們的南遷是直接由戰爭及政治原因所致的。抗日戰爭及國共內戰逼使他們直接從華北及華東地區南遷至香港。這批南來穆斯林的特性是他們本身具一定的經濟或政治資本，有能力直接南遷至香港展開新生活，建構了另外一個非以廣東穆斯林為主體的華人穆斯林社群。

本章以若干北方穆斯林家庭遷港的經歷作為個案研究，了解他們在戰後南遷至香港的經歷以及勾勒他們在香港所建立的社群生活概況。本章節所提及的北方穆斯林大多是由戰亂而遷至香港的華人穆斯林。他們來港後主要以九龍半島的油尖旺一帶為聚居地，部份人則居於新界地區，其社群構成與原有廣東穆斯林社群不盡相同。

第一個研究個案是北京黑氏。黑氏在1949年自北京遷至香港。黑氏的代表人物是黑洪祿，他也是黑氏南遷香港的第一代。他從1970年代開始投入香港華人穆斯林的社團事務，例如九龍清真寺的重建工作[3]。黑洪祿所屬的家族祖籍為山東臨青，其家族應在清初年間自山東遷移至北京，惟具體年分已經不可考。他的家族本應是來自西北的回民，經過多年的通婚繁衍及遷移後，其族人早已是回漢不分。

黑氏最終在清初遷至北京定居。黑姓在華人穆斯林社群中，特別是在西北及東北地區的穆斯林社群中是一個頗常見的姓氏，較著名的例子有曾在1980年代出任寧夏回族自治區主席的黑伯理（1918年-2015年）。

---

[3]　黑洪祿先生口述，訪談者霍揚揚，2014年4月3日。

　　黑洪祿1933年出生於北京，出生後與一直家人居住在北京的牛街附近。牛街是北京穆斯林社群的聚居地，牛街禮拜寺是北京歷史最為悠久的清真寺。該寺始建於遼代統和十四年（西元996年），後經歷代歷朝多次修建和改建，其最大建築特色是採取中國典型的寺院建築制式，以磚木結構為主，內裡亦設有各類型的亭台樓閣，是伊斯蘭在華在地化的一個重要象徵，也說明了華北地區的穆斯林的漢化進程持續多年，伊斯蘭文化元素早已滲透至中國傳統文化中[4]。

　　黑洪祿家中最初從事牛羊賣買，父親與其他合夥人以賣牛肉及羊肉為生。當時的牛羊主要是來自河南、河北以及蒙古地區，牛羊被送至北京地區以合乎伊斯蘭律法的方式屠宰後，供應予北京的穆斯林社群。在日常家庭宗教生活方面，黑洪祿每天都會和家人會到附近清真寺做禮拜，學習《古蘭經》經文和與伊斯蘭相關的宗教知識。

　　當時在牛街附近居住的穆斯林大多數從西北及山東地區一帶遷至北京。黑洪祿在北京牛街西北小學接受基礎教育，全校學生約有四十至五十人，不論是否穆斯林都可以在該校上學。黑洪祿在該學校接受了四年半的教育後，十一歲時便跟隨馬恕園學師學做與古玩相關的貿易生意。

　　自明清年間起，為數不少的穆斯林在北京從事古玩行業。北京作為皇朝首都，珍貴的古玩較容易在北京流出，這使到北京的古玩貿易相當活躍。

　　直至民國初年，不少前清皇親貴族頓失政治及經濟特權，轉而透過變賣家族所藏的古玩來維持生計，這無疑使到京城的古

---

[4]　張國雲，〈不同文化語境下的伊斯蘭教建築——新疆清真寺與內地清真寺之比較〉，頁91。

玩貿易生意進一步活躍起來。在北京從事古玩的商人大多是穆斯林，這使到北京形成了一個以穆斯林為核心的古玩商人社群圈。專屬回族穆斯林古玩玉石商人的「珠寶玉石同業公會」更於1936年成立。會址位於今北京前門大街附近的廊房二條，首任會長是回族穆斯林馬少宸[5]。

抗日戰爭期間，古玩貿易近乎停頓，不少古玩商人亦離開北京以逃避戰火。戰後的古玩貿易雖有短暫恢復，惟國共內戰旋即爆發，使到北京的古玩行業受到極大的打擊。

及至1949年2月3日解放軍進城，中共宣佈「和平解放北平」。北平易幟後，古玩業的生意一落千丈。黑洪祿與其他從事古玩行業的親戚，千里跋涉遷至香港找尋新的商業機會和生存空間。他來到香港後先暫住在軒尼詩道449號三樓，該樓宇就在今天灣仔消防局旁邊。

在灣仔軒尼詩道居住了數個月後，黑洪祿的師傅馬恕園九龍尖沙嘴的漢口道開設了古玩店，他也隨師傅遷到該處，重操故業。

在國共內戰爆發前，尖沙嘴漢口道已為古玩業所據。當時的古玩店主要由福建人開設的，為數約有十間，以外國水手及外國遊客為主要顧客對象。來自華北及華東的北方穆斯林在1949年以後才開始在尖沙嘴開設古玩店，主要的貨源則來自北京及上海。

由1940年代末期開始，來自華北及華東地區的穆斯林古玩商人紛紛來到尖沙嘴一帶定居和開店，古玩貿易相當活躍。黑洪祿在其師傅的店舖工作了22年後，在1971年自立門戶，店面設於彌敦道88號。

---

[5]　金曼莉，〈一、虔誠的穆斯林〉及〈二、世襲的傳承與回商〉，《祿米倉金－金氏家族的穆斯林文化承傳》，頁11-65。

北京黑氏家族祖傳用作「小淨」之用的器具，筆者攝於2015年。

　　另一個案研究是同樣來自北京的金氏，其家族歷史背景與上述黑氏不少相似的地方。他們都是原籍山東，後遷至北京居住，在戰後遷至香港定居，並從事古玩生意[6]。

　　北京金氏與黑氏都是穆斯林家族，其家族的歷史最早可追溯至今山東省濟南市德平縣。金氏本身在華北及華東地區的穆斯林社群便屬於一個常見的大姓。在今揚州普哈丁墓園所藏的《金氏宗譜》便有：「吾族籍天方國，經名亦不喇金。」之記載。「天方」大體上是指今天的阿拉伯地區，而「亦不喇金」乃是穆斯林常見經名「易卜拉欣」（又稱「阿伯拉罕」的）之阿拉伯文古代音

<hr>

6　金曼莉，〈一、虔誠的穆斯林〉及〈二、世襲的傳承與回商〉，《祿米倉金──金氏家族的穆斯林文化承傳》，頁11-65。

譯。自明代開始，各地的穆斯林開始漢化，金氏於是從譯音中取「金」為漢姓[7]。

　　本文所討論的「北京金氏」，其先祖金玉佩應約在清乾隆年間從山東來到北京東城區的祿米倉清真寺擔任阿訇，並自此定居北京繁衍。

　　自第一代金玉佩起，金氏共有六輩十人在北京及山東各地的清真寺擔任阿訇等不同的宗教領袖職務，可見北京金氏在華北地區是一個頗具規模的穆斯林世家。北京金氏以古玩買賣為家族事業。及至第四代時，族人金德慶和金德山已經成為了清末民初時期京城內頗有名氣的古玩商人[8]。

　　商業貿易一直是華人穆斯林的傳統行業之一。唐宋年間，從阿拉伯地區來華的穆斯林大都是循陸上及海上絲綢之路來華的商人，而珠寶古玩在當時已經是主要商品之一。

　　這種從商的傳統也被在中國定居繁衍的穆斯林家族所承傳。他們多在歷代皇朝的首都及主要的沿岸港口從事相關貿易，以滿足上層政商貴族的需求。

　　及至明清年間，北京、南京、揚州等政治中心及運河沿岸的港口城市，皆有大量的穆斯林商人從事古玩珠寶生意。在清末至民初年間，北京的古玩珠寶生意基本上由穆斯林商人家族所把持。以今北京東城區的廊房二條為主要的核心，街道上開設了過百間古玩珠寶店，當中較著名的有「聚珍齋」及「同源齋」，它

---

[7]　金曼莉，〈一、虔誠的穆斯林〉及〈二、世襲的傳承與回商〉，《祿米倉金──金氏家族的穆斯林文化承傳》，頁11-65。

[8]　金曼莉，〈一、虔誠的穆斯林〉及〈二、世襲的傳承與回商〉，《祿米倉金──金氏家族的穆斯林文化承傳》，頁11-65。

們都是由穆斯林商人所開設的。從事古玩生意的穆斯林商人在北京形成了一個古玩界的商人的圈子，成員之間關係密切，並且互有通婚。不同商號家族之間常常存有姻親關係，是一個具緊密聯繫的穆斯林社群。

北京金氏的第五代成員金寶霖、金寶和和金寶銳等人也繼承上一輩的古玩生意。金氏先在青島和上海等地開辦「義和號」，青島義和號設於1944，地址為山東青島灘縣路十一號，後在1947年在上海開設義和號古玩分號。在1949年則在香港設「義和號」，店面設於九龍尖沙嘴。

從北京黑氏及北京金氏的個案可看到在內戰結束後，從北方來港的穆斯林大都承襲家族傳統，從事古玩生意貿易並且聚居在九龍尖沙嘴一帶。

自1949年至1950年代期間，在尖沙嘴一帶由北方穆斯林開設的古玩店約有五十六家，而集中在漢口道的則有約十數家。結合各項資料，相關主要店號的資料如圖表6.2所列。

從事單一行業的佈局是南來北方穆斯林的一個主要特色，他們聚居在尖沙嘴附近，締結姻親，建立了一個以尖沙嘴為活動核心的華人穆斯林社群。

在內地「改革開放」前，尖沙嘴一帶的古玩貿易生意相當活躍，主要的客源是來自歐美的遊客以及東南亞的海外華人。香港成為了中國古玩珠寶的重要集散及轉售地，促使了本地古玩貿易的興旺發展。這個情況隨著內地改革開放以及1980年代中期開始的移民潮而有所改變[9]。改革開放後，海外買家可直接到內地採

---

[9] 金曼莉，〈一、虔誠的穆斯林〉及〈二、世襲的傳承與回商〉，《祿米倉金──金氏家族的穆斯林文化承傳》，頁11-65；黑洪祿先生口述，訪

購古玩，而為數不少的古玩商人也在1980年代開始的移民潮中結束其古玩生意並遷離香港。尖沙嘴的穆斯林古玩商人社群因而日漸式微，社群的聯繫亦開始消失。

圖表6.1　北京金氏局部世系圖（金曼莉 2013, 11-65）

```
          ┌──────────────────────┐
          │ 玉佩：清乾隆自山東    │
          │ 遷至北京任阿訇        │
          └──────────┬───────────┘
                     │
          ┌──────────┴───────────┐
          │ 元奇：其兄弟元岡去    │
          │ 東北成另一分支        │
          └──────────┬───────────┘
                     │
          ┌──────────┴───────────┐
          │ 品秀：另有兄弟四人    │
          └──────────┬───────────┘
     ┌───────────────┼───────────────┐
┌────┴─────┐    ┌────┴─────┐    ┌────┴─────┐
│德慶：在北京│    │  德龍    │    │德山：在北京│
│經營古玩生意│    │          │    │經營古玩生意│
└──────────┘    └────┬─────┘    └──────────┘
                     │
          ┌──────────┴───────────┐
          │ 寶和：戰後往香港從事古玩│
          │ 貿易；另有兄弟及姊八人 │
          └──────────┬───────────┘
                     │
          ┌──────────┴───────────┐
          │ 寶銳：戰後往香港從    │
          │ 事古玩貿易            │
          └──────────────────────┘
```

談者霍揚揚，2014年4月3日；沙利民先生口述，訪談者霍揚揚，2014年4月10日；沙麗曼女士口述，訪談者霍揚揚，2014年4月10日。

圖表6.2　1950-1960年代於部分尖沙咀一帶經營古玩店的穆斯林商號[10]

商號	開辦人	備註
長城古玩公司	張子苓	張子苓的張秉雯為黑洪祿之妻子
義和號	金寶悅	—
瑞祥行	周士英	—
義盛行	沙義坤	沙義坤在戰後來港先到金寶悅的義和號工作，然後再自行門戶建立義盛行
通誠貿易公司	馬恕園	通誠貿易公司即黑洪祿所工作之公司

註：另有源豐公司、中易公司等，在漢口道一帶的約有十數家，而整個九龍的油尖旺地區則有約五六十家。

在戰後來港的北方穆斯林，還有一批直接因政治因素而來港的民國政府軍公教（軍人、公務員及教師）群體。

民國政府一直以來與內地穆斯林社群之間關係良好。不少軍事將領和文職官員也是穆斯林，對政府的政策和軍務深具影響力。

當中較著名的例子為曾稱霸青海甘肅一帶的馬氏家族。這裡所指的是甘肅馬氏，是在戰前實際控甘肅、青海等西北地區的軍閥「馬家軍」。

馬氏世代都是穆斯林，在清末年間的「同治陝甘回變」中已經漸露頭角，展示了一定的軍事實力。及至民國年間，馬氏的馬麒任青海省政府主席，馬鴻賓則任寧夏省政府主席，馬氏族人擁有西北地區的實際政治及軍事權力。

---

[10] 金曼莉，〈一、虔誠的穆斯林〉及〈二、世襲的傳承與回商〉，《祿米倉金——金氏家族的穆斯林文化承傳》，頁11-65；黑洪祿先生口述，訪談者霍揚揚，2014年4月3日；沙利民先生口述，訪談者霍揚揚，2014年4月10日；沙麗曼女士口述，訪談者霍揚揚，2014年4月10日。

在1931年，馬麒病故後，馬氏後人包括馬步青及馬步芳等人便陷入對「馬家軍」以及西北地區治權的爭奪戰中。最終由馬步芳奪得權甘肅及青海一帶地區實際治權[11]。在國共內戰期間，「馬家軍」成為了國民黨在西北地區的主力。

及至戰爭中後期，國軍在西北地區不斷失利，最終在1949年8月，解放軍進入甘肅省省會蘭州，馬氏大舉遷離至西南的重慶，後再經空路來到廣州，繼而轉至香港。

在這過程中，不少原居西北的穆斯林軍事將領以及政府官員隨馬步芳轉折經重慶及廣州來到香港[12]。及後馬氏部分族人再遷往中東的埃及和沙地阿拉伯，一部分則隨民國政府遷至臺灣，或定居於香港。

在這些家族中，其中一個例子是來自甘肅的馬氏。他們是中國伊斯蘭歷史著名人物馬萬福的後代。他們與民國時期的甘肅軍閥具密切關係[13]。今仍在香港居住的甘肅馬氏代表人物為約於1934年在青海省出生的馬玉蘭。她和她的族人在1949年，隨國民黨南遷到香港。馬玉蘭的祖父為馬萬福，他是中國伊斯蘭伊赫瓦尼教派的始創人，生於今甘肅東鄉縣果園村，他也被稱為「果園阿訇」[14]。

他在1886年前往麥加朝觀時受到當時阿拉伯世界的瓦哈比學派的影響，回國後立志改革中國的伊斯蘭思想，在西北地區不同

---

[11] Merrill Ruth Hunsberger，〈第一章 青海〉及〈第二章 諸馬的興起〉，《馬步芳在青海（1931-1949）》。

[12] 趙錫麟、張中復，《天方學涯：趙錫麟先生訪談錄》，頁216。

[13] 馬玉蘭女士口述，訪談者霍揚揚，2014年6月26日。

[14] 勉維霖，〈哲赫林耶〉，《寧夏伊斯蘭教派概要》（寧夏：寧夏人民出版社，1981），頁131，第1版。

的清真寺講學，並建立了伊赫瓦尼教派。他的主張不為其他主流伊斯蘭教派所接受，因此被逼在西北地區不斷逃亡流徙。

辛亥革命後，他重返甘肅並接受甘肅軍閥馬麒的保護，在「馬家軍」勢力的保護下遷至青海西寧講經宣教，發展中國的赫瓦尼學派[15]。

由於馬氏與軍閥勢力「馬家軍」關係良好，不少馬氏族人能夠加入甘肅青海一帶的軍政機關工作，這使到馬氏族人的社會經濟地位在當地顯得相當優越。馬氏與「馬家軍」的緊密聯繫也使他們能夠隨著民國政府南遷。

馬玉蘭及其家人在1949年時從青海乘民國政府安排的飛機到重慶，飛機在重慶短暫逗留加油後便直飛至廣州。馬玉蘭一家最終從廣州經陸路來到香港，到達香港後先在跑馬地落腳，最後選擇定居於新界西北地區[16]。

及至1950年代，不少南遷的家庭選擇了隨民國政府遷至臺灣，他們也成為了今臺灣華人穆斯林社群的最主要的組成部分。部分族人則選擇遷至中東的沙地阿拉伯定居[17]。馬玉蘭及其丈夫則選擇繼續在香港生活，但他們仍然與遷往不同地方的族人保持聯繫。

---

[15] 勉維霖，〈哲赫林耶〉，《寧夏伊斯蘭教派概要》，頁131；馬通，〈第五章 伊赫瓦尼〉，《中國伊斯蘭教派與門宦制度史略修訂本》（銀川：寧夏人民出版社，2000），頁94-112，第3版。

[16] 馬玉蘭女士口述，訪談者霍揚揚，2014年6月26日。

[17] 在民國政府遷至臺灣後，民國政府與中東的沙地阿拉伯維持良好關係，即使在1971年聯合國通過有關恢復中華人民共和國在聯合國的席次及權利時，沙國是惟一支持中華民國繼續保留席次的中東國家，而在同年較早時的5月，沙特阿拉伯國王更訪問臺灣，而沙特政府亦有捐助臺北清真寺的興建工程，可見兩者關係良好。此外，沙特在戰後也接收了不少華人穆斯林並容許他們在當地定居。

　　這一批具國民黨政經背景的南來華人穆斯林是較特殊的群體，他們來港時的資金較為充裕，部分人也得到民國政府的協助，可選擇遷居臺灣或中東地區。選擇留在香港的則傾向低調生活，不太積極參與本地華人穆斯林社群的事務。在本身已經乏善可陳的香港華人穆斯林社群歷史紀錄中，有關這批華人穆斯林的記載則近乎空白，但他們卻是近現代中國歷史的重要見證，反映了香港在國共內戰後的政治及歷史時空下，扮演著獨特而無可取替的歷史角色。

第3節　北方穆斯林的「在地化」和政治參與的嘗試

　　北方穆斯林群與廣東穆斯林社群除了在地域上有所差異外，他們亦各自發展了自己的宗教和政治生活圈子，對整個華人穆斯林社群事務的參與度亦有所不同。在宗教生活方面，居住在九龍的華人穆斯林礙於地理和交通上的限制，他們的宗教活動大體上以位於尖沙嘴的九龍清真寺為核心。

　　清真寺對於一個穆斯林社群而言是非常重要的，因為它不但是日常宗教活動如禮拜、星期五「主麻」的活動場所，也是整個穆斯林社群社交和訊息交往的中心。北方穆斯林社群以九龍油尖旺一帶為聚居地，位於港島的些利街清真寺及灣仔的博愛社禮堂距離較遠，不便於他們參與恆常的宗教活動。位於尖沙嘴的九龍清真寺便因利成便成為了這批北方穆斯林做禮拜和舉行宗教活動的地方。

　　建於1896年的九龍清真寺，最初是為了服務在附近軍營服役及工作的南亞裔穆斯林軍人而興建的。該清真寺的管理及行政事務則由軍隊裡的南亞裔穆斯林負責。

九龍清真寺的俯瞰圖，攝於2015年，由筆者所攝。

　　二次大戰後，隨著去殖民地化及民族主義浪潮的興起，使到「印巴分治」在1947年成為事實，印度不再是英國的殖民地，以穆斯林人口為主的「西巴基斯坦」也獨立成為一個新的國家——巴基斯坦[18]。這使到部分原在香港服務的印巴裔軍人選擇返回印度及巴基斯坦生活。

　　戰後的九龍清真寺已經不再是南亞裔穆斯林專屬的宗教空間，而漸成為所有居住在九龍半島地區的穆斯林的宗教活動中心。戰後首位主持九龍清真寺宗教事務的阿訇並不是南亞裔的穆斯林所專任，而是由祖籍山東並在戰後遷至香港的華人穆斯林馬

18　Ian Copland, "India, 1885-1947: The Unmaking of an Empire" in *India, 1885-1947: The Unmaking of an Empire* (New York: Longman, 2001), pp. 17-53.

心一阿訇所出任，反映了從北方而來的華人伊斯蘭宗教領袖備受本地穆斯林社群的肯定。

現存有關馬心一阿訇的書面紀錄並不多，可考的是他在1910年出生，原籍山東，家裡世代都是穆斯林，後來進入始建於1925年的成達師範學校學習。至抗戰期間跟隨學校遷至西南地區的廣西桂林繼續學業。戰爭結束後遷至香港，在九龍清真寺中居住並擔任阿訇。

據曾在九龍清真寺的居住的沙利民及沙利曼所憶述，在1950年代初時，九龍清真寺收容了數十名南亞裔的穆斯林，而馬心一阿訇及其親屬，包括沙利民及其兄弟父母[19]也同時寄居在九龍清真寺[20]。

沙利民及沙利曼的父親沙義坤是其中一個在尖沙嘴經營古玩貿易的華人穆斯林。這些來自華北及華東的穆斯林商人常常在九龍清真寺碰頭並參與各種形式的宗教活動，這使到九清真寺漸漸成為了北方穆斯林社群的宗教活動核心。華人穆斯林社群亦開始參與九清真寺的管理事務。

居住在九龍清真寺附近的北方穆斯林社群對九龍清真寺的維修與重建工程作出了相當大的貢獻。1977年至1978年時間，地下鐵路工程於尖沙嘴一帶展開，而九龍清真寺便正位於尖沙嘴地鐵

---

[19]　沙氏是另外一個在戰後從北方而遷港的家族，沙氏祖籍山東，在抗戰期間為了逃避戰火而遷至廣西桂林，在桂林逗留期間，沙利民的父親沙義坤與馬心一阿訇之女馬秋琴結婚，兩家結成姻親。在戰後，沙義坤遷至香港並投靠馬心一阿訇，因此來港初時居於九龍清真寺。而沙義坤來港時到上文提及的穆斯林古玩商人金寶悅學師做古玩生意，後來他在1950年代自立門戶，在尖沙嘴金馬倫道開始義盛行古玩玉器店。

[20]　沙利民先生口述，訪談者霍揚揚，2014年4月10日；沙麗曼女士口述，訪談者霍揚揚，2014年4月10日。

站預定範圍的上方。地鐵工程使到本身已日久失修的清真寺出現裂痕，其結構愈來愈不穩定。清真寺在1978年10月被政府列為危險建築物。雖然地鐵公司為清真寺進行緊急維修，但是工程還是無法確保建築物的安全。負責管理九龍清真寺的基金總會便宣佈停止使用九龍清真寺為各項宗教活動的場所，並在清真寺附近的空地（今九龍公園範圍）建立了臨時的清真寺。

由於清真寺已經成為危險建築，重建清真寺成為了惟一的選項。在這情況下基金總會成立了九龍清真寺重建委員會，主要成員包括了居住在清真寺附近的北方華人穆斯林代表如黑洪祿、阿里丁等。重建委員會同時展開了籌款工作，向各地穆斯林籌集捐款，最終共籌得約二千四百多萬元用於清真寺的重建工作[21]。

北方華人穆斯林社群除了利用人脈網絡籌款外，亦利用他們的社會資本來協助清真寺協尋原材料的供應商。重建清真寺的工程需要使用大量的大理石材，在北方穆斯林古玩商人張子岑等人的穿針引線下，重建委員會與北京的中藝公司達成協議，由該公司向九龍清真寺提供在香港難以購得的大理石網架。這些網架主要用於裝飾用途，上面雕刻有精細的圖案，是清真寺常見而重要的裝飾物之一[22]。

---

[21] Kowloon Mosque Reconstruction Fund Raising Committee, *Planning & Construction of the Kowloon Mosque & Islamic Centre Form Inception to Completion*; Hamidah Haroon, *Transformation of Kowloon Mosque and Islamic Centre*.

[22] Kowloon Mosque Reconstruction Fund Raising Committee, *Planning & Construction of the Kowloon Mosque & Islamic Centre Form Inception to Completion* ; Anita Weiss, "South Asian Muslims in Hong Kong: Creation of a Local Boy Identity", pp. 417-453; Caroline Plüss, "Becoming Different while Becoming the Same: Re-Territorializing Islamic Identities with Multi-Ethnic Practices in Hong Kong", pp. 656-675.

　　九龍清真寺重建一事反映了聚居在九龍的北方華人穆斯林社群積極參與本地穆斯林社群的事務。

　　對於聚居在尖沙嘴的北方穆斯林而言，九龍清真寺是一個聯繫社群生活的空間。由於大部分聚居當地的穆斯林都是從事古玩玉石生意的商人，他們為了進一步凝聚行業的力量，故在1968年時成立了「香港藝術品商會」。該會由穆斯林商人譚品三、蔡毓伯及羅少平三人發起，並由金寶銳任第一屆的理事長。他自1968年起擔任該會的理事長直至1983年。該會以「服務社會，推動古玩工藝品行業發展，弘揚中華文化。」為宗旨[23]。該會與內地維持緊密和良好的關係，在創會後便經常籌組赴內地的貿易交流團及到廣州參與中國進出口商品交易會。

　　此外，早於1969年時，該會的理事長金寶銳已經受邀到北京參與國慶典禮及與時任的國家領導人會面。在1950-60年代，金寶銳已經加入了「冀魯旅港同鄉會」，並且擔任該會副理事長及董事職務，多次舉辦前赴內地交流的活動，可見證這一批來自北方的穆斯林古玩商人與內地建立了緊密的聯繫[24]。

　　至於主要來自西北地區並具國民黨軍政背景的華人穆斯林在香港穆斯林社群的事務上則相對地顯得不甚活躍。由國民黨穆斯林高級將領白崇禧所領導的「中國回教協會」在已經在廣州成立廣州分會。惟新中國成立後，該會在內地的運作便告中止，並在1949年遷至臺灣且成為了當地最主要的華人穆斯林組織[25]。設於

23　金曼莉，〈一、虔誠的穆斯林〉及〈二、世襲的傳承與回商〉，《祿米倉金——金氏家族的穆斯林文化承傳》，頁11-65。

24　金曼莉，〈一、虔誠的穆斯林〉及〈二、世襲的傳承與回商〉，《祿米倉金——金氏家族的穆斯林文化承傳》，頁11-65。

25　趙錫麟、張中復，《天方學涯：趙錫麟先生訪談錄》，頁216。

香港「中國回教文化協進會」的運作因二次大戰而停頓，戰後則重組為「香港中國回教協會」。在戰後初期，該會的會員人數很少，而且部分幹事成員與博愛社重疊，因此會務發展不甚活躍。

直至1957年9月，「香港中國回教協會」正式修改會章，以「愛國愛教，團結教胞、認識祖國」為宗旨[26]。該會在修改會章後的第一屆主席是劉就，副主席是白學修（潔之）。在香港各華人穆斯林社團中，該會應是最早直接與內地官方接觸的穆斯林社團之一。早在1958年，該會已經被廣州市伊斯蘭協會邀請到廣州參觀。據該會的特五十週年特刊記載該次旅程：「……1958年應剛成立不久的廣州市伊斯蘭教協會的邀請，由白潔之先生、白建中先生、馬綺然女士、馬桂英女士組成參觀團、一行20多人到廣州、從化等地參觀祖國的社會主義建設成就。」。於1971年1978年期間，該會共舉辦了17次共501人的中國內地參訪團。

北方穆斯林商人金寶銳在1971年捐助該會港幣1萬元購買位於北角的會址，當年會址的購入價為港幣7萬元，金寶銳一人的捐助額已佔總額的七分之一，並成為了物業的四位產權擁有人之一，另外三人則為是時任主席白潔之、副主席白建中及執委成員李倫傑（他後來在1993年接任白建中為該會主席）。可見這一批從事古玩生意為主的北方穆斯林商人與該會關係密切[27]。

香港華人穆斯林社群領袖前住內地參訪的頻率在1960-1970年代間不斷增加，而本地的華人穆斯林社團如「香港中國回教協

---

[26] 徐錦輝，《香港中國回教協會，1949-1999：五十週年特刊》（香港：香港中國回教協會，1999）。

[27] 徐錦輝，《香港中國回教協會，1949-1999：五十週年特刊》；金曼莉，〈一、虔誠的穆斯林〉及〈二、世襲的傳承與回商〉，《祿米倉金——金氏家族的穆斯林文化承傳》，頁11-65。

會」亦恆常地舉辦各項慶祝中華人民共和國國慶的活動[28]。

　　戰後至1970年代期間，雖然大部分與內地官方交往的工作和活動仍以「香港中國回教協會」主導，而博愛社則主力於本地的穆斯林教育及宗教事務，但兩會的關係千絲萬縷，幹事會及職員也常有重疊[29]。「香港中國回教協會」的發展，反映了政治與宗教之間的互動是密不可分及難以避免的。在戰後的二十至三十年內，儘管中國內地的政治局勢不斷改變，內地官方與香港華人穆斯林組織之間的聯繫並沒有中止，反而是愈來愈緊密。

---

[28] 徐錦輝，《香港中國回教協會，1949-1999：五十週年特刊》。

[29] 徐錦輝，《香港中國回教協會，1949-1999：五十週年特刊》；中華回教博愛社，《中華回教博愛社：社址重建特刊》；中華回教博愛社，《中華回教博愛社金禧紀念特刊：1929-1979》。

第7章

聚合與離散：

1970年代至今香港華人穆斯林社群的政治參與和社群重組

第1節　聚合同流：兩大華人穆斯林社群在戰後至1970年代的共同政治參與

在香港穆斯林社群的權力光譜中，南亞裔在殖民地時期處於具優勢的位置。他們擁有較佳的英文能力，因此能容易進入殖民地政府擔任不同的職位，並得到較佳的社會經濟地位。

殖民地政府主要以南亞裔裔穆斯林所控制的「香港回教信託基金總會」作為其法定代表。但隨著華人穆斯林的經濟實力不將增加，加上政府在1970年代開始改善香港的普及教育水準並推動更多華人加入政府及公營機構，使到華人穆斯林開始擁有更多的上流機會，華人穆斯林社群也主動穆斯林社群事務上嘗試爭取更大的話語權。

其中一個重要例子便是博愛社自1978年起便代表香港的穆斯林參與「香港六宗教領袖座談會」。「香港六宗教領袖座談會」在草創階段時，博愛社時任主席脫維善及前伊斯蘭英文中學校長羽智雲便作為伊斯蘭代表參與多次的「宗教思想交談會」和「六宗教領袖座談會」的籌備工作。

第一次的「六宗教領袖座談會」在1978年6月16日正式舉行，這會議也成為了香港六大宗教即佛教、孔教、天主教、伊斯蘭、基督教及道教的溝通平台。博愛社成為了伊斯蘭的代表，而其主席也被其他宗教承認為香港伊斯蘭的領袖[1]。這反映了華人穆斯林社群的社會地位與以往相比，已不能同日而語。

---

[1]　香港六宗教領袖座談會，《香港六宗教領袖座談25周年紀念特刊（1978-2003）》（香港：香港六宗教領袖座談會，2003），頁20；香港六宗教

值得留意的是，1978年的「香港六宗教領袖座談會」的成員
組織，即香港佛教聯合會、香港基督教協進會、香港孔教團體聯
會（今「香港孔子學院」的前身）、中華回教博愛社、香港天主
教教會及香港道教聯合會日後便成為在香港特別行政區《行政長
官選舉條例》中可以提名選舉委員會成員的六個「宗教界界別」
中的「指定團體」。這可見「六宗教領袖座談會」的組成不但建
立了「香港六宗教」並立的基本格局，同時亦有助確立博愛社在
1997年香港回歸後作為本地穆斯林社群政治代表的地位[2]。

第2節　華人穆斯林社團的進一步政治化（1970年代至今）

華人穆斯林社群在政治場域上的影響力在1970年代開始不斷
增加。南亞裔穆斯林社群與華人穆斯林社群之間出現了政治影響
力此消彼長的情況。

自改革開放以後，本地華人穆斯林社團便與內地官方的關係
更為密切。例如「中華回教博愛社」的主席脫維善便曾應「中國
伊斯蘭協會」的邀請到北京、西安、西寧及蘭州等地參訪。及至
1984年，「香港中國回教協會」舉辦香港前途座談會，以討論回
歸後的香港如何實行「一國兩制」及「港人治港」等政策方針[3]。

領袖座談會，《香港六宗教領袖座談會二十周年紀念特刊》（香港：香
港六宗教領袖座談會，1998）。

[2] Hong Kong (China) Electoral, Affairs Commission, *Report on the 2007 Chief Executive Election* (Hong Kong: Electoral Affairs Commission,[2007]).; Hong Kong (China) Electoral, Affairs Commission, *Report on the 2012 Chief Executive Election* (Hong Kong: Electoral Affairs Commission,[2012]).

[3] 徐錦輝，《香港中國回教協會，1949-1999：五十週年特刊》；中華回教
博愛社，《中華回教博愛社：社址重建特刊》；中華回教博愛社，《中

在1980年代至1990年代期間，「香港中國回教協會」及博愛社多次參與前往內地的參訪團，與內地的宗教事務局及中國伊斯蘭協會交流頻密。例如在1992年，上述兩個社團便聯合邀請時任宗教事務局副局長宛耀賓及北京、西北、新疆等地的伊斯蘭協會代表來港參訪。

這些例子主要反映的是在1980年代至1990年代，香港華人穆斯林社群的兩大社團已經與中國內地官方建立緊密的聯繫。在1999年出版的《香港中國回教協會，1949-1999：五十週年特刊》中，時任主席李倫傑便表明「回歸後本會擁護基本法，維護「一國兩制」和「港人治港」。今後本會將繼續堅持愛國愛教的原則⋯⋯更好地團結教胞、服務教胞、愛國愛教愛香港，與教胞、友會同步前進，為中華民族大團結作出更大貢獻」[4]。

香港特別行政區行政長官由選舉委員會投票產生，而選舉委員會中的宗教界的委員則沿用1978年的「香港六宗教領袖座談會」的成員結構，即香港佛教聯合會、香港基督教協進會、香港孔教團體聯會（今「香港孔子學院」的前身）、中華回教博愛社、香港天主教教會及香港道教聯合會作為「指定團體」。個別「指定團體」可以自行提名選委名單成為選委。

以2011年選舉委員會選舉為例[5]，六宗教的「指定團體」平均獲分配60個宗教界名額，每個「指定團體」獲10個名額。由「中華回教博愛社」提名的10名選委中有5人是時任執行委員會

華回教博愛社金禧紀念特刊：1929-1979》。

[4]　徐錦輝，《香港中國回教協會，1949-1999：五十週年特刊》。

[5]　該選舉委員會是為了2012年的行政長官選舉而產生，第四屆的行政長官則由1200名委員所組成的選舉委員會投票產生。

的成員、1名是「中華回教博愛社」的顧問、1名是「香港中國回教協會」的成員、1名是來自「香港回教婦女會」、1名是來自香港伊斯蘭聯會的時任幹事會成員及1人來自「香港回教信託基金總會」。

　　當然，回顧「中華回教博愛社」及「香港中國回協會」自戰後至今的發展歷程，他們在「後殖民地」時期的香港能夠獲得比以往更大的政治權力並不令人意外，甚至是一個可預期的結果。

圖表7.1　2011年選舉委員會選舉被「中華回教博愛社」提名及當選名單[6]

姓名	於遞交予選舉事務處的提名名單上所報稱之職業	與香港穆斯林社團的聯繫
脫志賢	退休	時任「中華回教博愛社」主席
薩智生	文員	時任「中華回教博愛社」第一副主席
楊義護	義務工作	時任「中華回教博愛社」義務秘書
哈奇偉	公司董事	時任「中華回教博愛社」審核部主任
脫瑞康	商人	時任「中華回教博愛社」公關部主任
王香君	家庭主婦	時任香港回教婦女會主席[7]
徐錦輝	退休	時任中國香港回教協會會長
楊汝萬	榮休教授	時任「中華回教博愛社」顧問
沙意	商人	時任香港回教信託基金總會主席
馬超奇	退休公務員	時任香港伊斯蘭聯會名譽秘書

[6]　Hong Kong Electoral Affairs Commission, *Report on the 2012 Chief Executive Election* (Hong Kong: Electoral Affairs Commission, 2012), pp. 121-122.

[7]　該會與博愛社關係密切，上述的提名名單於2011年11月12日遞交予選舉事務處，而在同年11月9月24日產生的第48屆執行理事會職位名單中，該會的「聯誼」職位由傅守飛擔任，她同時是2010至2012年第71屆「中華回教博愛社」執行委員會的婦女部主任。

自1970代起，香港華人穆斯林社群的政治影響力不斷增加，積極參與香港社會的政治事務。但在政治影響力不斷上升時，香港華人穆斯林的人口結構卻同時在改變，社群內部的宗教意識亦不斷減弱，在宗教傳承上出現了斷層的情況。

第3節　華人穆斯林社群的分離與宗教意識的減弱（1970 至1990年代）

香港自1970年代起經濟發展迅速，市民生活日益富裕。世俗化的社會使到香港華人穆斯林宗教意識和身分傳承時面對著不同的挑戰，愈來愈多華人穆斯林的後代已沒有足夠的知識在日常生活中實踐伊斯蘭的律法和規定。對宗教事務的關注程度和參與度也不斷下降，這使到本地華人穆斯林社群出現了青黃不接的困境。

「改革開放」被視為現代中國歷史最重要的轉折點之一。中英兩國也在1980年代初開始就香港的前途問題進行實質性談判。

在「文化大革命」期間，很多穆斯林的宗教活動被轉至地下進行，甚至是隱瞞自己作為穆斯林的身分，不少穆斯林被遷離原有社區，流散至各地居住，使到不少穆斯林社群（哲瑪提）解體，宗教信仰及知識亦因而無法向下一代傳承，使到不少穆斯林家族出現了宗教脫節的情況[8]。

上述情況在香港附近的廣州亦有發生，部分穆斯林在1970年中後期從內地南下至香港；部分穆斯林也選擇遷至香港投靠在香港的親戚教胞。

---

[8] 馬強，〈哲瑪提與社區──都市穆斯林研究的新視角〉，《流動的精神社區：人類學視野下的廣州穆斯林哲瑪提研究》。

　　這使到在1970年代中期至1980年代時，香港出現了另一次內地穆斯林南來的浪潮，但這時期來港的人數比抗戰結束後來港的人數少很多，而且大多是零星地南來香港投靠親戚或透過兩地的穆斯林婚姻而來到香港定居的。

　　這一批穆斯林來自內地不同地區，社會和經濟背景亦較為多元，為香港的華人穆斯林社群注入了新的元素。

　　戰後香港華人穆斯林社群大體上分為兩個聚居區域，一是香港島的灣仔區，另一個是九龍的油尖旺區，前者主要是廣東穆斯林的居住地，後者則以北方穆斯林為主。

　　在1980年代，由於兩個聚居地皆處於市中心，受到都市更新計劃的影響，不少原有建築物被拆毀重建，原居當地的居民亦陸續向外遷出。例如在灣仔區，原位處羅素街及霎東街一帶的電車車廠在1986年被拆除，並重建為一新的商業項目，即今天的「時代廣場」。這重建計劃連帶附近街道也受影響，不少樓宇被重建並改劃成商業用途。面對都市更新計劃，不少原居於附近的華人穆斯林家庭開始遷離灣仔區。以往不少華人穆斯林家庭礙於經濟原因合租單位，家庭之間的來往密切。但是，在1980至1990年代，香港的經濟發展迅速，不少家庭已有能力自置物業並遷離灣仔[9]。

　　人口外移的現象也出現在本地華人穆斯林社群。這情況在九龍的北方穆斯林社群中相當明顯。原本聚集在尖沙嘴一帶並由北

---

[9]　楊汝萬教授口述，訪談者霍揚揚，2014年3月26日；楊義護先生口述，訪談者霍揚揚，2014年2月14日；脫瑞暖女士口述，訪談者霍揚揚，2014年2月11日；石志強（Sheikh Ebrahim Ismail）先生口述，訪談者霍揚揚，2014年2月5日；沙利民先生口述，訪談者霍揚揚，2014年4月10日；馬美玲女士口述，訪談者霍揚揚，2014年2月11日；Yeung Yue-man, *From Local to Global and Back: A Memoir of a Hongkonger*, pp. 1-16.

方穆斯林商人所開設的古玩玉石店在1980年代開始進入衰落期。
「改革開放」政策使到內地的市場對外直接開放，來自東南亞及
歐美的古玩客戶開始直接到內地採購而不經香港採購，使到香港
古玩行業的生存空間被收窄[10]。

　　除此之外，在戰後來港的第一代北方穆斯林古玩商人至1980
年代時開始進入退休年齡，而他們的下一代並非全部願意接手
古玩玉石生意。例如在1960年代於尖沙嘴開設「義盛行」的沙義
坤，其兒子沙利民也沒有繼承父業，他在中學畢業後加入政府成
為公務員。他自己也在1990年代初移民至海外，在香港的古玩生
意亦隨著沙氏移民海外而結束[11]。

　　以往華人穆斯林大都是從外地遷入香港，但隨著香港社會和
經濟環境的改變，不少原居香港的華人穆斯林向海外遷移，出現
了戰後首次的逆向遷移。本地華人穆斯林人口的逆向遷移也使到
以往的緊密的社群慢慢地被解體甚至消失。各穆斯林家族不再聚
居於清真寺附近，而散居於香港不同的地區。這使到清真寺無法
發揮社群和宗教中心的角色，所謂「廣東穆斯林」和「北方穆斯
林」的社群差異也愈來愈不明顯。

　　華人穆斯林社群人口結構的改變也影響著香港伊斯蘭學校的
收生情況及學生的組成結構。自成立以來，博愛社其中一個主要
工作便是興辦伊斯蘭教育。「中華回教博愛社義學校」自1967年

---

[10] 金曼莉，〈一、虔誠的穆斯林〉及〈二、世襲的傳承與回商〉，《祿米
　　倉金──金氏家族的穆斯林文化承傳》，頁11-65；黑洪祿先生口述，訪
　　談者霍揚揚，2014年4月3日；沙利民先生口述，訪談者霍揚揚，2014年4
　　月10日；沙麗曼女士口述，訪談者霍揚揚，2014年4月10日。

[11] 沙利民先生口述，訪談者霍揚揚，2014年4月10日；沙麗曼女士口述，訪
　　談者霍揚揚，2014年4月10日。

起成為政府津貼學校，校址與博愛社的社址相同，位於灣仔陳東里。

　　該校在1970年代末期開始出現收生人數下滑的情況。在「中華回教博愛社」的官方刊物中便清楚列明在1978年時，該校的「中國籍的回民子弟」的人數只佔7%，而在1957年該比例為50%。由此可見華人穆斯林學生在1970年末時已經不斷下滑，該校分析這現象的原因有兩項：「回民家庭遷往別區居住的很多，形成以前集中的，如今分散開。」，另一項是：「一般回民家庭對回民教育並沒有像初期那麼重視。」[12]。

　　華人穆斯林家庭對子女的伊斯蘭教育並不太重視也是收生情況不斷惡化的主因。很多華人穆斯林家長本身忙於工作，自己亦無暇徹底執行每日禮拜五次（即所謂的「五番拜」）及其他各項伊斯蘭教法的規定。由於自己的宗教知識不豐富，他們也無法教導子女穆斯林的禮儀和日常生活習慣。此外，家長們在選校時也以學校的升學率及公開考試的表現作為主要的指標，至於所選學校是否提供完善的伊斯蘭教育似乎並不是一個必需的考慮因素。

　　在這些不利因素影響下，灣仔的「中華回教博愛社義學校」的收生狀況自1970年代起一直惡化，最終在1980年因學生不足而正式結束學務，時任校長劉有信阿訇亦退休[13]。

　　「中華回教博愛社」眼見灣仔區一帶的學童人口已無法支持學校的運作時，向港府申請在他區建立新的伊斯蘭小學來代替灣仔舊校並獲批准。該小學建於新市鎮屯門並命名為「伊斯蘭學校」。由於學校位於屯門新市鎮，新市鎮的人口在1980年代時處於高速

---

[12] 中華回教博愛社，《中華回教博愛社金禧紀念特刊：1929-1979》。
[13] 中華回教博愛社，《中華回教博愛社：社址重建特刊》。

增長期，對基礎教育的需求甚殷，故該校初時的收生情況不俗。建校初期學生以華人學生為主，需要分上下午校，小一至小六每級各設四班，在課程中加入了有關伊斯蘭知識及教義的內容[14]。

及至1996年，博愛杜於慈雲山開辦「伊斯蘭鮑伯濤紀念小學」。但與此同時，香港的適齡學童人數也在不斷減少。在2001年時全港就讀小學或以下程度學校的人數有約75萬人；2011年時則只剩下約50萬人，短短十年間減少了約10萬人[15]。

適齡學童減少的大趨勢影響了這兩間小學的收生情況。為了維持足夠開班的人數，這兩間小學皆開放招收非以華語為母語的學生。這些學生以南亞裔為主，相對於華人穆斯林，南亞裔穆斯林的家長較為重視子女的伊斯蘭教育。學校能否提供伊斯蘭教育是他們為子女選擇學校時的重要考慮因素之一。

華人穆斯林社群與南亞裔穆斯林社群之間在子女教育理念上存在頗大的差異。華人家長重視子女就讀學校的升學率及學科的教學質素，而南亞裔家長則較重視子女在宗教方面的學習。

在這情況下，這兩間小學的華人學生比例在2000年代期間不斷下降，華人穆斯林學生則顯得更為稀少。

類似的情況也出現在博愛社所開辦的「伊斯蘭英文中學」。在建校初期，該校仍以華人學生為主。該校為學生提供伊斯蘭知識的教育，定期在校內舉辦聚禮及教授《古蘭經》的知識並且為穆斯林學生提供專項的獎學金。

---

[14] 中華回教博愛社，《中華回教博愛社：社址重建特刊》。

[15] 政府統計處，《人口普查2011主要報告：第一冊》（香港：政府統計處，2012）；政府統計處，《人口普查2001主要報告：第一冊（香港：政府統計處，2002）。

該中學在1997年遷至柴灣新址並更名為「伊斯蘭脫維善紀念中學」以紀念已故前博愛社主席脫維善。

該校自至2000年代開始面對日漸嚴重的收生危機。適齡學童人口下降使到學校之間收生競爭更為競烈，加上香港社會眾對伊斯蘭的認識不深，非穆斯林家長缺乏動機讓子女到伊斯蘭學校就讀。華人穆斯林家長則認為入讀該校對幫助子女升學的幫助不太，因此也不甚願意為子女申請入學就讀，這使到該中學的華人學生比例不斷下降。

「中華回教博愛社」作為香港惟一同時開辦有中小學及幼稚園的伊斯蘭辦學團體，理應可有效地為本地的華人穆斯林社群提供全面的伊斯蘭教育，為香港培養下一代的伊斯蘭宗教人才。

但自1980年代起，本地出生率下降，適齡學童人口呈下降趨勢；另一方面，華人穆斯林社群的整體宗教意識及內聚力也有所減弱，在宗教傳承方面出現了斷層的情況。

回顧過往的歷史，華人穆斯林社群往往傾向聚集而居，以清真寺為社群活動的中心，穆斯林家族之間關係緊密，往來通婚。但是，隨著都市的發展及政局的改變，原有的社群結構被改變，華人穆斯林社群由聚居變成分散而居。再者，在香港這個高度世俗化的商業社會中，不少華人穆斯林家庭把時間精力集中在工作及事業發展上，缺乏實踐伊斯蘭教義和生活習慣的動力外，也無法向一代傳習正確的宗教知識，華人穆斯林社群的宗教傳承面對著日益嚴峻的挑戰。

圖表7.2　中華回教博愛社建社以來曾開辦之學校[16]

	校名	開辦年期	校址所處位置
1	中華回教博愛社義學校	1921年至1981年	灣仔
2	伊斯蘭英文中學校	1970年至1997年	位於北角，1997年遷至柴灣
3	伊斯蘭學校	1980年至今	屯門
4	伊斯蘭鮑伯濤紀念小學	1996年至今	黃大仙慈雲山
5	伊斯蘭幼稚園	1984年至1993年	屯門
6	伊斯蘭博愛幼稚園	1988年至今	青衣
7	伊斯蘭脫維善紀念幼稚園	1993年至2004年	天水圍
8	伊斯蘭徐錦享紀念幼稚園	1996年至今	西灣河
9	伊斯蘭脫維善紀念中學	在1997年	伊斯蘭英文中學由北角遷至柴灣並更名為伊斯蘭脫維善紀念中學。

第4節　千禧年代以來重新建立宗教意識的嘗試

在近年來，華人穆斯林社群在推動社群的宗教意識復興上亦作出了不少的努力。在1999年，博愛社便主辦了大中華地區的第一個中文伊斯蘭入門網站——「伊斯蘭之光」（簡稱：「伊光」）。該網站的主要對象是華人穆斯林及對伊斯蘭感興趣的華人。網站提供了相當多元化的資訊，包括了內地及香港伊斯蘭社團的動向、各項穆斯林活動的簡介以及有關伊斯蘭的實用宗教知識如禮拜的時間、做禮拜的步驟等。該網站也建立起一個網上平臺，讓散居各地區的華人穆斯林能夠透過網絡重新聯結起來，形成一個以網絡為連結方式的社群形態。

---

[16] 中華回教博愛社，《中華回教博愛社：社址重建特刊》；楊義護先生口述，訪談者霍揚揚，2014年2月14日。

　　此外，「伊斯蘭文化協會」也在2004年成立，該會在2013年捐款予香港中文大學以成立「伊斯蘭文化研究中心」以推動香港的伊斯蘭文化學術研究，是本地華人穆斯林社群為促進香港伊斯蘭學術研究而所作出的重要舉措。

　　但是直至今天，香港仍未能培養出土生土長的華人阿訇，長久以來都需要在其他地方物色華人阿訇的人選，這一點在某程度上反映了香港華人穆斯林社群在伊斯蘭教育上的不足，無法有效吸引年青的華人穆斯林深造伊斯蘭知識。

　　阿訇作為社群的宗教領袖，需要有深厚的伊斯蘭知識，並能夠有效地與社群的成員溝通，向他們解釋經義，指導他們的日常行為。此外，作為社群的宗教領袖，阿訇也常常需要對社群內的大小事務提出意見，甚至作出關鍵的決定。宗教知識及經文的解讀能力是長時間深造的成果，一般需要前往海外如埃及、敘利亞等伊斯蘭教育發展較發達的國家的高等學府學習，才有機會獲認可為阿訇。但是，願意在相關領域長時期深造的本地華人穆斯林並不多，本地伊斯蘭教育人才不足的問題一直難以被解決。華人穆斯林社群在香港已經歷了百多年的「在地化」，這當然並不是一個理想的結果。然而，部分年輕的本地華人穆斯林在近年也開始醒覺到重建社群宗教意識的重要性，開始投入力量來增加年輕華人穆斯林及市民大眾對伊斯蘭的認知，惟其成果仍需待時間來驗證。

第8章
總結與後記

總結：在世俗中掙扎的香港華人穆斯林社群

從十九世紀末到二十一世紀的今天，香港華人穆斯林社群經歷了高低起伏的「在地化」歷程。這個動態而多變的「在地化」歷程是由政治、經濟及文化等各種不同的因素所驅動的。

隨著本地華人穆斯林社群的社會經濟力量的增加，他們比起其他非華人穆斯林社群在本地政治事務具有更大的影響力。

但與此同時，華人穆斯林社群的內聚力及宗教意識卻有所下降。隨著華人穆斯林家庭在經濟實力上的改善，很多華人穆斯林家庭不再聚居於同一社區，這令到社群之間的聯繫被減弱，以清真寺為中心的社區網絡也不再復見。不少年輕的本地華人穆斯林的宗教意識薄弱，對伊斯蘭的認識也不足，使到香港華人穆斯林的宗教傳承出現了青黃不接的現象。

這現象也反映了香港華人伊斯蘭教育不足的問題。「中華回教博愛社」是惟一在香港同時開辦伊斯蘭幼稚園與中小學校的辦學團體，但就讀旗下學校的華人穆斯林的數量在過去30年不斷不降。很多華人穆斯林家長認為伊斯蘭學校的升學表現不理想而不願意讓他們的子女入讀伊斯蘭學校。在香港這個高度世俗化的商業社會，子女是否能夠接受伊斯蘭教育似乎並不是華人穆斯林家長的首要考慮因素，報讀學校的公開考試成績及升學率反而是更為關鍵的考慮因素。

華人穆斯林家長在教育事務上傾向採取較務實的態度，這一點與其他南亞裔的穆斯林家長形成對比。南亞裔穆斯林家長較重視子女的宗教教育，因此一般都願意把子女送到伊斯蘭學校就讀。

　　在近年如雨後春筍般出現的私人麥德萊賽（*Madrasah*，即宗教學校／學堂）也多由南亞裔或非洲裔的穆斯林開辦，留在清真寺中學習經文的學童亦以南亞裔穆斯林為絕大多數[1]。

　　南亞裔穆斯林學童往往被要求花大量的時間來學習及誦讀《古蘭經》，而花在學校功課的時間則較少，加上在學習中文方面的語言障礙，使到他們在學校的學科表現較不理想，影響了伊斯蘭學校的公開試成績及大學入學率。這直接把香港的伊斯蘭學校置於一個兩難的局面：學校以非華人學生為主，但他們卻因各種文化及社會的結構性因素而無法取得較佳的公開試表現，因而影響了學校的升學率表現；學校不盡理想的公開試表現，也使到重視子女升學前途的華人穆斯林家長不願意子女報讀伊斯蘭學校。這兩難局面使到香港華人伊斯蘭教育步入了一個惡性循環。

　　這種宗教傳承上的「斷層」不單單與教育相關，在其他伊斯蘭文化和傳統的傳習上，華人穆斯林的社群同樣處於困難的局面。不少口述歷史訪問的受訪者都指出，很多年輕的華人穆斯林礙於工作環境以及家庭宗教教育的不足，對很多傳統的伊斯蘭禮儀和習俗缺乏認識。就穆斯林的日常生活而言，穆斯林應在一生中盡力完成所謂的「五功」。「五功」分別是指「唸、禮、齋、課、朝」；當中「唸」是指為自己的信仰作證並念「清真言」、「禮」則是每天作五次禮拜，亦稱為「五番拜」、「齋」是指在齋戒月期間，從日出至日落禁食並作為一種對自身信仰的修鍊、

---

[1]　Paul O'Connor, "Accepting Prejudice and Valuing Freedom: Young Muslims and Everyday Multiculturalism in Hong Kong", pp. 525-539; Paul O'Connor, "Everyday Hybridity and Hong Kong's Muslim Youth", pp. 203-225.; Paul O'Connor, *Islam in Hong Kong: Muslims and Everyday Life in China's World.*

「課」是指向有需要的人作捐獻，最後的「朝」則是指每一個穆斯林在其人生中都應該到「聖城」麥加朝觀至少一次。這「五功」是伊斯蘭的五大信仰支柱，每一個穆斯林一生的生活都應該受其影響和制約[2]。

然而，香港華人穆斯林的年青一代未必把上述的「五功」視為必然，也不一定認同「五功」的意義。很多華人穆斯林家庭的家長因缺乏時間和自己對伊斯蘭的認識也不深而無法有效地向其下一代灌輸宗教知識，令到年輕一代對伊斯蘭傳統和文化的認知存在一定的落差。

除此之外，不少華人穆斯林社團的核心成員皆年事已高或已經離世。例如在2012年離世的前「中華回教博愛社」主席脫志賢及於2013年離世的前博愛社駐社阿訇張廣義。新生代的本地華人穆斯林缺乏足夠的伊斯蘭教育，他們對本地華人穆斯林事務的參與和投入程度也較他們的父祖輩為低。因此，如何重新建立年輕一代的宗教意識及認同感將會是香港華人穆斯林社群將會面對的一大挑戰。

儘管華人穆斯林社群的整體社經地位已經大幅提升，華人穆斯林社團比以往更積極地在政治場域中表達意見和立場。但社團領袖的立場並不代表所有華人穆斯林社群成員的取態，這種取態上的差異也可能會引起社群內潛在的分歧和衝突。

另一個挑戰是在全球化的浪潮下，在面對世界各地發生並有關於伊斯蘭的政治和文化爭議時，華人穆斯林社群很難從中抽離，獨善其身。斯蘭極端主義在全球各地的冒起，極端恐怖組織

2　國立臺灣博物館、臺灣伊斯蘭研究學會，《伊斯蘭：文化與生活》，頁78-115。

所發動的恐怖主義行為頻繁出現。社會大眾在對伊斯蘭的認識不足的情況下，很容易會對伊斯蘭及穆斯林產生誤解，錯誤地把極端宗教思想與正統的伊斯蘭宗教混為一談。本地華人穆斯林社群面對這現象，應該更主動地與本地社會大眾接觸，解釋伊斯蘭愛好和平的本質。畢竟，華人穆斯林在語言上和文化與本地主流社會相近，理應更容易糾正本地社會大眾對伊斯蘭的錯誤理解和成見。

香港社會也應更主動地了解華人穆斯林在香港的歷史發展。他們作為香港歷史的一部分，過去並沒有得到本地社會的重視，社會大眾對他們的認識亦不夠深入。香港作為亞洲國際都會應該擁有接納不同宗教和文化的胸襟，在這一點上我們仍有一定的進步空間。

最後，不少華人穆斯林社團組織並不重視歷史文獻和資料的保存，使到不少內容只能透過口耳相傳，缺乏文字記錄。即使存有文字記錄，也常常出現資料不全的情況，伊斯蘭在香港已落地生根一百多年，但仍沒有專屬的本地歷史文獻庫。了解社群的過去是重建社群認同的重要一步，年輕的華人穆斯林需要對自己家族及宗教的歷史有著清晰的認知，方能了解社群的發展脈絡和建立對社群的認同。因此，筆者在此呼籲華人穆斯林社群應嘗試投放更多的資源在社群歷史的保存和研究上，為社群未來的文化承傳提供更佳的客觀條件。

引用文獻

英文專著及期刊論文

Alder, G. J. *British India's Northern Frontier, 1865-95: A Study in Imperial Policy*. London: Longmans, 1963.

Bourdieu, Pierre. *Reproduction in Education, Society and Culture*. London: SAGE, 1990.

Chu, Hung-lam. "Qiu Jun and the Big Rattan Gorge Campaign of 1465" *Journal of Chinese Studies* 47: 134 (2007), p. 134.

Copland, Ian. *India, 1885-1947: The Unmaking of an Empire*. New York: Longman, 2001.

Egerton, Frazer. *Jihad in the West: The Rise of Militant Salafism*. New York: Cambridge University Press, 2011.

Geertz, Clifford. *Islam Observed: Religious Development in Morocco and Indonesia*. New Haven: Yale University Press, 1968.

Gladney, Dru C. *Ethnic Identity in China: The Making of a Muslim Minority Nationality*. Belmont, CA: Wadsworth Group, 2003.

Grenfell, Michael. *Pierre Bourdieu: Education and Training*. New York: Continuum, 2007.

Haroon, Hamidah. *Transformation of Kowloon Mosque and Islamic Centre* (Thesis) Hong Kong: The University of Hong Kong, 1995.

Ho, Wai-Yip. "The Emerging Visibility of Islam through the Powerless: Indonesian Muslim Domestic Helpers in Hong Kong" *Asian Anthropology* 14:1, pp. 79-90.

Ho, Wai-yip. *Islam and China's Hong Kong: Ethnic Identity, Muslim Networks and the New Silk Road*. Abingdon, Oxon; N.Y.: Routledge, 2013.

Li, Anshan. "African Diaspora in China: Reality, Research and Reflection." *Journal of Pan African Studies* 7:10(2015), pp. 10-43.

Ma, Grace & Bodomo, Adams. "From Guangzhou to Yiwu: Emerging Facets of the African Diaspora in China" *International Journal of African Renaissance Studies Multi-, Inter- and Transdisciplinarity* 5:2(2010), pp. 283-289.

O'Connor Paul. "Accepting Prejudice and Valuing Freedom: Young Muslims and Everyday Multiculturalism in Hong Kong" *Journal of Intercultural Studies*, 31:5 (2010), pp. 525-539.

O'Connor Paul. "Everyday Hybridity and Hong Kong's Muslim Youth" *Visual Anthropology*, 24:1-2 (2010), pp. 203-225.

O'Connor Paul. *Islam in Hong Kong: Muslims and Everyday Life in China's World.* Hong Kong: Hong Kong University Press, 2012

Van Dyke, Paul Arthur. *Merchants of Canton and Macao: Politics and Strategies in Eighteenth-Century Chinese Trade.* Hong Kong Hong Kong University Press; Japan: Kyoto University Press, 2011.

Van Dyke, Paul Arthur. *Port Canton and the Pearl River Delta, 1690-1845.* (PhD Thesis). Los Angeles, CA: University of Southern California, 2002.

Plüss Caroline. "Becoming Different while Becoming the Same: Re-Territorializing Islamic Identities with Multi-Ethnic Practices in Hong Kong" *Ethnic and Racial Studies*, 29:4 (2006), pp. 656-675.

Plüss Caroline. "Hong Kong's Muslim Organisations: Creating and Expressing Collective Identities" *China Perspectives*, 29 (2000), pp. 19-23.

Shepard, William E. *Introducing Islam.* London: Routledge, 2009.

Shih, Chih-yu. *Negotiating Ethnicity in China: Citizenship as a Response to the State.* New York: Routledge, 2002.

Sim, Amy. *Organising Discontent: NGOs for Southeast Asian Migrant Workers in Hong Kong.* Hong Kong: Southeast Asia Research Centre, City University of Hong Kong, 2002.

Sim, Amy. "Women Versus the State: Organizing Resistance and Contesting Exploitation in Indonesian Labor Migration to Hong Kong" *Asian and Pacific Migration Journal*

18:1 (2009), pp. 47-75.

Tan, Tai Yong. *The British Raj and its Indian Armed Forces, 1857-1939*. New York: Oxford University Press, 2002.

To, Kin-chung, Frank. *Mosque & Muslim Community Centre in the New Territories* (Thesis). Hong Kong: The University of Hong Kong, 2000.

Weiss, Anita. "South Asian Muslims in Hong Kong: Creation of a" Local Boy "Identity" *Modern Asian Studies,* 25:3 (1991), pp. 417-453.

Yeung, Yue-man. *From Local to Global and Back: Memoir of a Hongkonger*. Hong Kong: Commercial Press, 2012.

中文專著及期刊論文

Anderson, Benedict，《想像的共同體：民族主義的起源與散布》，臺北：時報文化出版企業股份有限公司，1999。

Carroll, John. M，《香港簡史：從殖民地至特別行政區》，香港：中華書局，2013。

Hunsberger, Merrill Ruth.《馬步芳在青海（1931-1949）》，西寧：青海人民出版社，1994。

Mathews, Gordon，《世界中心的貧民窟：香港重慶大廈》，香港：紅出版青森文化，2013。

Thoraval, Joel，〈葬禮與祈禱的安排──香港回教信託基金總會歷史概貌（1850-1985）〉，《諸神嘉年華：香港宗教研究》，香港：牛津大學出版社，2002。

丁士仁，〈論伊斯蘭在地化的問題〉，《伊斯蘭在地化：中國伊斯蘭發展之探討》，香港：香港中文大學出版社，2015。

丁新豹，《人物與歷史：跑馬地香港墳場初探》，香港：香港當代文化中心，2008。

中元秀、馬建釗、馬逢達，《廣州伊斯蘭古蹟研究》，銀川：寧夏人民出版社，1989。

王琳乾、吳坤祥，《早期華僑與契約華工（賣豬仔）資料》，普寧：潮

汕歷史文化研究中心，2002。

李長敏，〈建築藝術中的回儒對話——阿拉伯－伊斯蘭文化建築藝術中國化初探〉，《昆明學院學報》，32：1 (2010)，頁142。

沈括，《夢溪筆談》26卷，《補筆談》2卷，《續筆談》，臺北：臺灣商務印書館，1968，臺一版。

沙宗平，〈從經堂教育到漢文著書：穆斯林漢化初探〉，《伊斯蘭在地化：中國伊斯蘭發展之探討》，香港：香港中文大學出版社，2015，頁85-96。

谷應泰，《明史紀事本末：80卷》，上海：上海古籍出版社，1987。

周仲仁，〈濟南成達師範〉，《成德達才：紀念成達師範創建八十週年學術研討會論文匯編》，北京：宗教文化出版社，2006。

林長寬，〈伊斯蘭東傳中國再探討：中國伊斯蘭發展之歷史背景〉，《伊斯蘭在地化：中國伊斯蘭發展之探討》，香港：香港中文大學出版社，2015，頁27-46。

林長寬，《中國回教之發展及其運動》，臺北：中華民國阿拉伯文化經濟協會，1986。

林長寬，《伊斯蘭在地化：中國伊斯蘭發展之探討》，香港：香港中文大學出版社，2015。

金曼莉，〈一、虔誠的穆斯林〉及〈二、世襲的傳承與回商〉，《祿米倉金——金氏家族的穆斯林文化承傳》，香港，2013，頁11-65。

勉維霖，《寧夏伊斯蘭教派概要》，寧夏：寧夏人民出版社，1981。

施聯珠，〈具中國特色的民族識別〉，《中國的民族識別：56個民族的來歷》，北京：民族出版社，2005。

胡振華，《中國回教》，銀川：寧夏人民出版社，1993。

唐建、孫毅超，〈伊斯蘭教清真寺形制的中國化漂移——以西安化覺巷清真大寺為例〉，《中外建築》2：46（2010），頁46。

馬強，《民國時期粵港回族社會史料輯錄》，蘭州：甘肅民族出版社，2012。

馬強，《民國時期廣州穆斯林報刊資料輯錄：1928-1949》，銀川：寧夏人民出版社，2004。

馬強，〈哲瑪提與社區——都市穆斯林研究的新視角〉，《流動的精神社區：人類學視野下的廣州穆斯林哲瑪提研究》，北京：中國社會科學出版社，2006。

馬通，〈第五章 伊赫瓦尼〉，《中國伊斯蘭教派與門宦制度史略修訂本》，銀川：寧夏人民出版社，2000，頁94-112。

馬達五，〈博愛社德育部馬達五啟事〉，《穆士林》（香港），1931年6月30日，第5、6期。

國立臺灣博物館、臺灣伊斯蘭研究學會，《伊斯蘭：文化與生活》，臺北：國立臺灣博物館，2014。

張家偉，〈沙頭角事件與真假菠蘿陣〉，《六七暴動：香港戰後歷史的分水嶺》，香港：香港大學出版社，2012。

張國雲，〈不同文化語境下的伊斯蘭教建築——新疆清真寺與內地清真寺之比較〉，《新疆大學學報：哲學・人文社會科學版》，34：2（2006），頁91。

張廣林，〈一、伊斯蘭教傳入中國的歷史〉，《中國伊斯蘭教》，北京：五洲傳播出版社，2005年。

梁美儀、張燦輝，〈香港墳場發展史略〉，《凝視死亡：死與人間的多元省思》，香港：中文大學出版社，2005。

許淑杰，〈明清漢文伊斯蘭譯著運動再考察〉，《世界宗教研究》，2（2010），頁165-170。

傅統先，《中國回教史》，銀川：寧夏人民出版社，2000。

湯開建，〈兩次戰爭時期香港穆斯林的發展與變化〉，《東南亞研究》，6（1996），頁57-60。

湯開建、田映霞，〈香港伊斯蘭教的起源與發展〉，《東南亞研究》，6（1995），頁48-56。

黃光學，《中國的民族識別》，北京：民族出版社，1995。

楊文炯，〈論中國伊斯蘭思想與傳統之在地化〉，《伊斯蘭在地化：中國伊斯蘭發展之探討》，香港：香港中文大學出版社，2015。

趙錫麟、張中復，《天方學涯：趙錫麟先生訪談錄》，臺北：國史館，2014。

廣州市伊斯蘭教協會文史資料研究組，《廣州市回族、伊斯蘭教文史資料選輯》，廣州：廣州市伊斯蘭教協會，1985。

香港政府檔案文獻

Census Office, *Census of the Colony for 1911* Hong Kong: Census Office, 1911.

Hong Kong Electoral Affairs Commission. *Report on the 2007 Chief Executive Election.* Hong Kong: Electoral Affairs Commission, 2007.

Hong Kong Electoral Affairs Commission. *Report on the 2012 Chief Executive Election.* Hong Kong: Electoral Affairs Commission, 2012.

Registrar General's Department, Land Registry, *I.L. 288, Mussulman Cemetery Deed of Appropriation.* Hong Kong: Registrar General's Department, Land Registry,1933.

政府統計處，《人口普查 2001主要報告：第一冊》，香港：政府統計處，2002。

政府統計處，《2011人口普查主要報告：第一冊》，香港：政府統計處，2012。

政府新聞處，〈第20章 宗教與風俗〉，《2013年香港年報》，香港：政府新聞處，2014。

政府新聞處，〈第21章 宗教和風俗〉，《2018年香港年報》，香港：政府新聞處，2019。

穆斯林社群檔案文獻

Clem, Will. "Women's Mosque a Mixed Blessing Hong Kong's Indonesian Muslim Domestics are Hoping for a Place of Worship Free from Men" *South China Morning Post*, (Hong Kong) 24th December 2006.

Kowloon Mosque Reconstruction Fund Raising Committee. *Planning & Construction of the Kowloon Mosque & Islamic Centre Form Inception to Completion.* Hong Kong: Kowloon Mosque Reconstruction Fund Raising Committee, 2012.

〈香港回胞認購戰債三千餘元〉，《中國回教救國協會會刊》（重慶），1942年第4卷第1期中華回教博愛社。

〈廣州回教請願書〉，《回光》（上海），1924年11月1日。

〈十一月九日廣州市回教全體光塔寺開歡迎香港博愛社代表會〉，《天方學理月刊》（廣州），1930年第3卷第2號。

〈廣州回教墳場被侵佔近況〉，《月華》（北平），1935年5月10日，第7卷第13期。

〈德育消息〉，《清真教刊創刊號》（香港），1936年11月15日。

〈博愛社恭祝聖女壽辰情形〉，《清真教刊創刊號》（香港），1936年11月15日。

〈香港分會揭穿敵在廣州煽動回胞之醜劇〉，《中國回教救國協會會刊》（重慶），1939年11月15日，第3卷第1期。

〈流離失所的廣州回教難民〉，《回教論壇》（重慶），1939年12月31日，第2卷第12期。

〈香港中華回教青年會自動捐巨款〉，《中國回教救國協會會刊》（重慶），1940年第3卷第1期。

〈張廣義阿訇傳（1911-2013）〉，《香港伊斯蘭聯會會訊》（香港），2013年7月，頁19。

中國回教俱進會粵支部，〈廣州教胞討論對待辱教案紀〉，《天方學理月刊》（廣州），1932年第4卷第12號。

中國回教俱進會粵支部，〈桂花崗回教公有墳場慘被惡棍佔地毀墳滅骨略記〉，《天方學理月刊》（廣州），1935年總第73號。

中華回教博愛社，〈香港「中華回教博愛社」啟事〉，《穆聲報》（北平），1925年4月24日，總第16號。

中華回教博愛社，〈香港中華回教博愛社開幕〉，《天方學理月刊》（廣州），1929年第8期。

中華回教博愛社，〈本港穆僑調查之經過及統計〉，《穆士林》（香港），1930年第1刊。

中華回教博愛社，〈回教博愛社社務報告〉，《穆士林》（香港），1930年第2刊。

中華回教博愛社，〈中華回教博愛社大會情形〉，《穆士林》（香港），1931年6月30日，第5、6期。

中華回教博愛社義學校教務處，〈致各生家長們的幾句話〉，《穆士林》（香港），1931年第7期。

中華回教博愛社，〈中華回教博愛社義學校務報告〉，《穆士林》（香港），1932年第11期。

中華回教博愛社，〈民國廿一年度社務報告〉，《穆士林》（香港），1932年第11期。

中華回教博愛社，〈香港回教博愛社之計劃與進行〉，《天方學理月刊》（香港），1933年2月。

中華回教博愛社，〈香港回教博愛社勸捐小引〉，《天方學理月刊》（香港），1933年第5、6期合刊。

中華回教博愛社，〈回教博愛社社務報告〉，《清真教刊創刊號》（香港），1936年11月15日。

中華回教博愛社，《中華回教博愛社：社址重建特刊》，香港：中華回教博愛社，1999。

中華回教博愛社，《中華回教博愛社金禧紀念特刊：1929-1979》，香港：中華回教博愛社，1979。

伊斯蘭英文中學，《伊斯蘭英文中學建校紀念特刊》，香港：伊斯蘭英文中學，1974。

羽氏，《羽承烈堂族譜》，香港，2010年第二次修譜版本。

兩廣清真薩氏宗族聯誼會，《兩廣薩氏宗譜》，香港：兩廣清真薩氏宗族聯誼會，1938。

芬作，〈博愛社義校校歌〉，《清真教刊創刊號》（香港），1936年11月15日。

金逸卿，〈香港金逸卿阿洪對婚禮之意：倡議革除陋俗，贊成節儉婚姻〉，《天方學理月刊》，1929年第5期。

香港中華回教青年會，〈全港回教徒祈禱抗戰勝利〉，《回教青年會刊》（香港），1939年7月7日，第1卷第3期。

香港六宗教領袖座談會，《香港六宗教領袖座談會25周年紀念特刊（1978-

2003）》，香港：香港六宗教領袖座談會，2003。

香港六宗教領袖座談會，《香港六宗教領袖座談會二十周年紀念特
　　刊》，香港：香港六宗教領袖座談會，1998。

香港伊斯蘭青年協會，《香港伊斯蘭青年協會四十週年紀念特刊》，香
　　港：香港伊斯蘭青年協會，2013。

香港伊斯蘭聯會，〈沙田公園開齋節會禮〉，《香港伊斯蘭聯會會訊》
　　（香港），2013年9月。

徐錦輝，《香港中國回教協會，1949-1999：五十週年特刊》，香港：
　　香港中國回教協會，1999年。

馬氏，《馬氏族譜》，廣州，1914。

馬伯常、楊建卿，〈廣州先賢墓所遭之不幸〉，《晨熹旬刊》（南
　　京），1935年第1卷第24、25期合刊。

雪花，〈博愛社奉到省府批示〉，《塔光》（廣州），1936年11月25
　　日，第3期。

廣東省公安局，〈廣東省公安局佈告（行字第一五號）〉，《天方學理
　　月刊》（廣州），1932年第4卷第7號。

薩氏南城房七傳及八傳族人，《薩氏宗譜》，香港：薩氏南城房七傳及
　　八傳族人，1980。

東亞伊斯蘭研究叢書01　哲學宗教類　PA0110

獅子山上的新月：
香港華人穆斯林社群的源流與傳承

作　　　者／霍揚揚
責任編輯／鄭伊庭
圖文排版／楊家齊
封面設計／蔡瑋筠
合作單位／香港中文大學伊斯蘭文化研究中心

協力單位／香港政策研究所國際關係研究中心
　　　　　Hong Kong Policy Research Institute
　　　　　The GLOCAL Global Learning Offices
　　　　　Glocal Learning Offices

發 行 人／宋政坤
法律顧問／毛國樑　律師
出版發行／秀威資訊科技股份有限公司
　　　　　114台北市內湖區瑞光路76巷65號1樓
　　　　　電話：+886-2-2796-3638　傳真：+886-2-2796-1377
　　　　　http://www.showwe.com.tw
劃撥帳號／19563868　戶名：秀威資訊科技股份有限公司
　　　　　讀者服務信箱：service@showwe.com.tw
展售門市／國家書店（松江門市）
　　　　　104台北市中山區松江路209號1樓
　　　　　電話：+886-2-2518-0207　傳真：+886-2-2518-0778
網路訂購／秀威網路書店：https://store.showwe.tw
　　　　　國家網路書店：https://www.govbooks.com.tw

2020年9月　BOD一版
定價：280元
版權所有　翻印必究
本書如有缺頁、破損或裝訂錯誤，請寄回更換

國家圖書館出版品預行編目

獅子山上的新月：香港華人穆斯林社群的源流與傳
承 / 霍揚揚著-- 一版. -- 臺北市：秀威資訊科技，
2020.09
　　面；　公分
BOD版
ISBN 978-986-326-843-7(平裝)

1. 伊斯蘭教　2. 歷史　3. 香港特別行政區

258.238　　　　　　　　　　　109012040

讀 者 回 函 卡

感謝您購買本書，為提升服務品質，請填妥以下資料，將讀者回函卡直接寄
回或傳真本公司，收到您的寶貴意見後，我們會收藏記錄及檢討，謝謝！
如您需要了解本公司最新出版書目、購書優惠或企劃活動，歡迎您上網查詢
或下載相關資料：http:// www.showwe.com.tw

您購買的書名：_____

出生日期：_____年_____月_____日

學歷：□高中 (含) 以下 　　□大專 　　□研究所 (含) 以上

職業：□製造業 　□金融業 　□資訊業 　□軍警 　□傳播業 　□自由業
　　　　□服務業 　□公務員 　□教職 　　□學生 　□家管 　□其它_____

購書地點：□網路書店 　□實體書店 　□書展 　□郵購 　□贈閱 　□其他

您從何得知本書的消息？

　　□網路書店 　□實體書店 　□網路搜尋 　□電子報 　□書訊 　□雜誌

　　□傳播媒體 　□親友推薦 　□網站推薦 　□部落格 　□其他_____

您對本書的評價：(請填代號　1.非常滿意　2.滿意　3.尚可　4.再改進)

　　封面設計____ 　版面編排____ 　內容____ 　文／譯筆____ 　價格____

讀完書後您覺得：

　　□很有收穫 　□有收穫 　□收穫不多 　□沒收穫

對我們的建議：_____

_____

_____

_____

11466
台北市內湖區瑞光路 76 巷 65 號 1 樓
秀威資訊科技股份有限公司　　　收

BOD 數位出版事業部

....

（請沿線對折寄回，謝謝！）

姓　　名：＿＿＿＿＿＿＿＿＿　年齡：＿＿＿＿　性別：□女　□男

郵遞區號：□□□□□

地　　址：＿＿＿＿＿＿＿＿＿＿＿＿＿＿＿＿＿＿＿＿＿＿＿

聯絡電話：(日) ＿＿＿＿＿＿＿＿＿　(夜) ＿＿＿＿＿＿＿＿＿

E-mail：＿＿＿＿＿＿＿＿＿＿＿＿＿＿＿＿＿＿＿＿＿＿＿